Descobrir Jogos Online Grátis

Disponível Aqui:

BestActivityBooks.com/FREEGAMES

5 DICAS PARA COMEÇAR

1) CÓMO RESOLVER LAS SOPA DE LETRAS

Os puzzles têm um formato clássico:

- As palavras estão escondidas sem espaços ou hífenes,...
- Orientação: As palavras podem ser escritas para a frente, para trás, para cima, para baixo ou na diagonal (podem ser invertidas).
- As palavras podem sobrepor-se ou intersectar-se.

2) APRENDIZAGEM ACTIVA

Ao lado de cada palavra há um espaço para anotar a tradução. Para encorajar a aprendizagem activa, um **DICIONÁRIO** no final desta edição permitir-lhe-á verificar e expandir os seus conhecimentos. Procure e anote as traduções, encontre-as no puzzle e adicione-as ao seu vocabulário!

3) MARCAR AS PALAVRAS

Pode inventar o seu próprio sistema de marcação - talvez já use um? Pode também, por exemplo, marcar palavras difíceis de encontrar com uma cruz, palavras favoritas com uma estrela, palavras novas com um triângulo, palavras raras com um diamante, e assim por diante.

4) ESTRUTURANDO A APRENDIZAGEM

Esta edição oferece um **CADERNO DE NOTAS** prático no final do livro. Nas férias, em viagem ou em casa, pode facilmente organizar os seus novos conhecimentos sem a necessidade de um segundo caderno!

5) JÁ TERMINOU TODAS AS GRELHAS?

Nas últimas páginas deste livro, na secção **DESAFIO FINAL**, encontrará um jogo gratuito!

Rápido e fácil! Consulte a nossa colecção de livros de actividades para o seu próximo momento de diversão e **aprendizagem**, a apenas um clique de distância!

Encontre o seu próximo desafio em:

BestActivityBooks.com/MeuProximoLivro

Aos vossos lugares, preparem-se...Vão!

Sabia que existem cerca de 7.000 línguas diferentes no mundo? As palavras são preciosas.

Adoramos línguas e temos trabalhado arduamente para criar livros da mais alta qualidade para si. Os nossos ingredientes?

Uma selecção de tópicos adequados à aprendizagem, três boas porções de entretenimento, e depois acrescentamos uma colherada de palavras difíceis e uma pitada de palavras raras. Servimo-los com amor e máximo divertimento, para que possa resolver os melhores jogos de palavras e se divirta a aprender!

A sua opinião é essencial. Pode participar activamente no sucesso deste livro, deixando-nos um comentário. Gostaríamos de saber o que mais lhe agradou nesta edição.

Aqui está um link rápido para a sua página de encomendas:

BestBooksActivity.com/Avaliacoes50

Obrigado pela vossa ajuda e divirtam-se!

1 - Dirigindo

```
V  T  W  M  G  F  Y  P  G  Y  P  M  T  M  U
O  N  R  F  O  A  I  T  C  B  D  J  Z  O  R
I  E  F  A  I  T  Z  H  I  E  C  I  L  O  P
T  D  A  S  N  I  E  R  F  U  A  S  U  T  X
U  I  U  S  U  S  P  U  A  R  R  É  W  O  J
R  C  J  B  I  R  P  G  R  R  B  C  A  M  G
E  C  N  E  C  I  L  O  T  T  U  U  E  U  A
T  A  Y  K  K  E  J  S  R  O  R  R  P  Q  R
U  L  N  O  I  T  N  E  T  T  A  I  Y  U  A
O  P  F  R  Y  H  B  A  T  D  N  T  J  M  G
R  B  O  A  O  O  O  N  N  O  T  É  I  P  E
C  A  R  T  E  Q  U  H  W  S  L  G  X  U  P
I  T  J  N  F  U  P  L  W  F  E  Q  T  R  O
D  A  N  G  E  R  T  U  N  N  E  L  I  Y  T
C  G  I  A  V  S  X  R  O  N  M  J  C  T  S
```

ACCIDENT	MOTO
VOITURE	MOTEUR
CARBURANT	PIÉTON
ATTENTION	DANGER
ROUTE	POLICE
FREINS	RUE
GARAGE	SÉCURITÉ
GAZ	TRANSPORT
LICENCE	TRAFIC
CARTE	TUNNEL

2 - Antiguidades

```
P  I  È  C  E  S  Y  J  U  A  T  W  D  E  C
V  O  B  F  Q  U  A  L  I  T  É  A  É  N  Y
S  C  U  L  P  T  U  R  E  S  Q  R  C  C  K
É  N  N  O  I  S  S  A  P  R  I  X  O  H  Z
D  O  U  Z  S  Q  M  J  Q  T  X  A  R  È  G
É  I  X  W  I  N  Z  E  S  K  X  Y  A  R  A
C  T  N  A  G  É  L  É  U  A  R  T  T  E  L
E  A  S  V  P  P  P  G  J  B  Y  R  I  S  E
N  R  V  T  A  O  U  C  B  R  L  M  F  K  R
N  U  I  P  Y  L  D  Z  I  W  Z  E  A  Q  I
I  A  E  F  F  L  E  L  C  È  I  S  S  Z  E
E  T  U  D  V  Q  E  U  A  R  T  I  C  L  E
S  S  X  M  U  D  V  F  R  A  M  Y  L  C  T
L  E  U  T  I  B  A  H  N  I  V  U  N  O  R
E  R  A  U  T  H  E  N  T  I  Q  U  E  W  W
```

ART	ARTICLE
AUTHENTIQUE	ENCHÈRES
DÉCORATIF	MEUBLES
DÉCENNIES	PIÈCES
ÉLÉGANT	PRIX
PASSIONNÉ	QUALITÉ
SCULPTURE	RESTAURATION
STYLE	SIÈCLE
GALERIE	VALEUR
INHABITUEL	VIEUX

3 - Churrascos

```
L  W  K  Y  M  D  F  O  W  N  D  X  T  J  E
É  T  É  Z  L  X  É  R  E  N  Î  D  O  E  N
G  V  Y  G  X  H  D  J  U  Q  S  D  M  U  F
U  H  A  O  G  F  U  I  E  I  P  R  A  X  A
M  P  Q  Q  M  S  A  Z  A  U  T  Y  T  F  N
E  L  P  J  S  G  H  I  I  M  N  S  E  A  T
S  K  L  V  R  U  C  E  M  Y  P  E  S  M  S
S  L  I  J  T  Z  X  E  T  E  M  D  R  I  S
Q  A  G  R  I  L  U  U  P  K  O  A  P  L  A
P  O  I  V  R  E  A  K  W  T  Q  L  O  L  U
N  G  P  C  G  T  E  L  U  O  P  A  D  E  C
I  B  H  H  D  L  T  G  B  O  T  S  F  Z  E
R  S  E  L  E  M  U  S  I  Q  U  E  E  F  H
B  D  U  Z  L  N  O  I  T  A  T  I  V  N  I
X  K  E  G  G  I  C  F  P  O  R  S  N  O  C
```

DÉJEUNER	JEUX
INVITATION	LÉGUMES
ENFANTS	SAUCE
COUTEAUX	MUSIQUE
FAMILLE	POIVRE
FAIM	CHAUD
POULET	SEL
FRUIT	SALADES
GRIL	TOMATES
DÎNER	ÉTÉ

4 - Geologia

```
L U Z C O N T I N E N T C F É
I S O K O T E K H D K C A I R
F Q N Y W B E R W I S Y L C O
R K E S U X R W D C J C C O S
D B X A H N H W L A N L I R I
V O L C A N X F N Q G E U A O
Q F L X Q L Z B W U U S M I N
L O P L A T E A U Z S A O L F
A S L Y C R I S T A U X R V Z
V S S T A L A C T I T E C T A
E I S G D A T D F B T R O T Z
I L W M I N É R A U X R U X X
X E N R E V A C V F K E C V W
S T A L A G M I T E S I H I A
P J Q C I Z Z C Q M K P E P I
```

ACIDE	STALAGMITES
COUCHE	FOSSILE
CAVERNE	LAVE
CALCIUM	MINÉRAUX
CYCLES	PIERRE
CONTINENT	PLATEAU
CORAIL	QUARTZ
CRISTAUX	SEL
ÉROSION	VOLCAN
STALACTITE	ZONE

5 - Ética

```
L X C X U E U T C E P S E R J
P A T I E N C E S R U E L A V
P H I L O S O P H I E T D I I
A L T R U I S M E Y M H D S N
N L X P Q E M S I M I T P O T
R É A L I S M E C X F É D N É
B I E N V E I L L A N T W N G
W E U Q I T A M O L P I D A R
C O O P É R A T I O N N D B I
R A T I O N A L I T É A I L T
P I T O L É R A N C E M G E É
G E N T I L L E S S E U N R I
T K F É T E T Ê N N O H I E H
U F C O M P A S S I O N T Z V
V Q Z S A G E S S E V P É R W
```

ALTRUISME	INTÉGRITÉ
BIENVEILLANT	OPTIMISME
GENTILLESSE	PATIENCE
COMPASSION	RATIONALITÉ
COOPÉRATION	RAISONNABLE
DIGNITÉ	RÉALISME
DIPLOMATIQUE	RESPECTUEUX
PHILOSOPHIE	SAGESSE
HONNÊTETÉ	TOLÉRANCE
HUMANITÉ	VALEURS

6 - Tempo

```
I  M  G  B  T  X  Q  F  U  M  S  Y  H  Q  A
Z  A  Y  H  W  D  Y  W  I  B  X  T  E  M  U
F  T  I  U  N  M  I  N  U  T  E  M  U  H  J
E  I  N  N  E  C  É  D  V  S  A  M  R  L  O
G  N  F  E  X  T  A  P  S  X  Y  A  E  B  U
O  H  U  R  M  G  L  L  L  S  S  I  O  M  R
L  J  T  X  W  O  A  N  N  É  E  N  U  S  D
R  D  U  M  V  J  M  D  L  G  V  T  W  A  H
O  S  R  I  E  M  M  Q  L  J  Q  E  S  N  U
H  I  V  M  U  D  T  O  M  O  Y  N  B  N  I
X  È  U  R  E  I  R  D  N  E  L  A  C  U  D
T  C  A  V  A  N  T  V  X  D  J  N  W  E  I
U  L  L  Y  Q  U  V  I  N  H  O  T  Y  L  M
X  E  W  G  H  I  P  E  X  W  S  E  B  N  M
S  E  M  A  I  N  E  M  J  O  U  R  E  I  H
```

MAINTENANT	MATIN
ANNÉE	MIDI
AVANT	MOIS
ANNUEL	MINUTE
CALENDRIER	MOMENT
DÉCENNIE	NUIT
JOUR	HIER
FUTUR	HORLOGE
AUJOURD'HUI	SEMAINE
HEURE	SIÈCLE

7 - Astronomia

```
Y  B  K  É  N  I  W  T  C  V  Z  U  Y  O  S
L  U  N  E  Q  É  K  D  I  D  B  N  N  B  O
X  K  W  É  D  U  B  I  E  X  N  I  O  S  L
R  S  O  S  P  D  I  U  L  Y  E  V  I  E  A
R  A  I  U  O  Q  K  N  L  N  S  E  T  R  I
A  A  A  F  E  X  Q  Z  O  E  Y  R  A  V  R
S  V  D  L  T  Q  F  P  I  X  U  S  L  A  E
T  O  T  I  U  B  W  J  K  G  E  S  L  T  O
É  N  M  M  A  É  W  F  H  P  S  O  E  O  P
R  R  A  É  N  T  Y  V  O  L  P  M  T  I  Q
O  E  K  T  O  I  I  H  H  A  I  S  S  R  M
Ï  P  E  É  R  V  O  O  U  N  L  O  N  E  V
D  U  Q  O  T  A  O  F  N  È  C  C  O  S  O
E  S  D  R  S  R  T  D  Z  T  É  S  C  N  Q
G  N  P  E  A  G  W  L  V  E  T  E  R  R  E
```

ASTÉROÏDE
ASTRONAUTE
CIEL
CONSTELLATION
COSMOS
ÉCLIPSE
ÉQUINOXE
FUSÉE
GRAVITÉ
LUNE

MÉTÉORE
NÉBULEUSE
OBSERVATOIRE
PLANÈTE
RADIATION
SOLAIRE
SUPERNOVA
TERRE
UNIVERS

8 - Acampamento

```
C  A  M  A  H  P  S  E  R  Y  E  G  Y  U  Z
A  A  D  T  X  C  P  E  L  O  S  S  U  O  B
L  A  R  G  N  A  T  U  R  E  S  S  A  H  C
G  V  E  T  C  E  S  N  I  F  Z  M  E  Y  D
O  E  Z  J  E  N  U  L  C  E  Q  H  P  G  É
N  N  X  Z  N  R  C  D  T  U  M  C  A  N  Q
B  T  B  U  G  B  X  O  Z  E  P  U  H  E  U
K  U  I  S  A  F  O  R  Ê  T  N  Y  C  Y  I
I  R  L  E  T  M  W  L  W  B  X  T  L  G  P
U  E  W  R  N  P  I  W  T  Q  Y  X  E  P  E
W  N  W  B  O  Z  X  N  M  U  A  H  H  P  M
O  I  L  R  M  U  H  Y  A  C  O  R  D  E  E
F  B  C  A  N  O  Ë  K  P  R  Y  H  K  H  N
T  A  X  S  I  Z  O  J  G  Z  U  U  C  Q  T
Z  C  D  Y  I  L  C  L  Q  S  S  A  C  D  I
```

ANIMAUX	FORÊT
AVENTURE	FEU
ARBRES	INSECTE
BOUSSOLE	LAC
CABINE	LUNE
CHASSE	HAMAC
CANOË	CARTE
CHAPEAU	MONTAGNE
CORDE	NATURE
ÉQUIPEMENT	TENTE

9 - Ficção Científica

```
Y F I M A G I N A I R E G I E
X F A Z V X P X W U G L A L X
S C X N U T O P I E D O L L P
J M P S T O B O R U C I A U L
G F E T J A O W Q N I N X S O
P E I P O T S Y D L N T I I S
Y T G C L W J T G U É A E O I
A T O M I Q U E I N M I M N O
B E L A Y L E T L Q A N O Y N
V X O H Q E F È I D U E N O I
Y T N D J W J N V G F E D R D
Z R H M Q A O A R B P V E A Z
C Ê C F R Y Z L E K F F K C L
T M E E O P Y P S C I W P L M
K E T M Y S T É R I E U X E E
```

ATOMIQUE   IMAGINAIRE
CINÉMA   LIVRES
LOINTAIN   MYSTÉRIEUX
DYSTOPIE   MONDE
EXPLOSION   ORACLE
EXTRÊME   PLANÈTE
FANTASTIQUE   ROBOTS
FEU   TECHNOLOGIE
GALAXIE   UTOPIE
ILLUSION

10 - Mitologia

```
O X R F O R C E K J B A H C N
I M M O R T A L I T É L É A W
C R L S I T M M J G I V R T L
M U T V A C A O O J E D O A Y
R G L A Y N N I N R H V Ï S R
E P Y T É H C R A S T R N T C
Z E I S U O L A J C T E E R R
J G Q L S R M A F R G R L O É
H É R O S E E A É É K M E P A
F W Y R R I I J C A V A D H T
T O N N E R R E L T D G N E I
Y X Z K E R V P A U J I E M O
Y H L S N E P U I R O Q G Y N
H I E Q C U A T R E T U É Y H
M O P H N G L R C J M E L A U
```

ARCHÉTYPE

HÉROS

JALOUSIE

IMMORTALITÉ

CRÉATION

LÉGENDE

CRÉATURE

MAGIQUE

CULTURE

MONSTRE

CATASTROPHE

MORTEL

FORCE

ÉCLAIR

GUERRIER

TONNERRE

HÉROÏNE

11 - Medições

```
O  J  H  J  P  G  G  H  I  B  B  P  D  O  T
L  N  I  R  U  E  D  N  O  F  O  R  P  C  O
A  P  C  X  W  G  K  W  S  C  W  U  Z  T  N
R  O  W  E  R  T  È  M  I  T  N  E  C  E  N
G  I  M  É  R  G  E  D  T  O  L  U  M  T  E
E  D  V  A  O  T  S  I  B  B  E  G  È  A  M
U  S  A  M  S  Y  È  E  P  Q  S  N  T  L  U
R  H  T  D  D  S  W  M  Z  W  P  O  R  I  L
X  V  D  M  É  G  E  M  O  B  W  L  E  T  O
G  H  H  V  C  V  S  A  I  L  G  Y  T  R  V
W  A  K  K  I  I  V  R  X  H  I  U  U  E  O
A  X  E  M  M  A  R  G  O  L  I  K  N  H  C
A  S  O  F  A  Z  J  P  O  U  C  E  I  P  G
X  W  E  L  L  H  A  U  T  E  U  R  M  S  F
K  B  N  O  B  L  H  Z  M  N  K  R  W  W  D
```

HAUTEUR	MÈTRE
OCTET	MINUTE
CENTIMÈTRE	ONCE
LONGUEUR	POIDS
DÉCIMAL	POUCE
GRAMME	PROFONDEUR
DEGRÉ	KILOGRAMME
LARGEUR	KILOMÈTRE
LITRE	TONNE
MASSE	VOLUME

12 - Álgebra

```
S X F I Z W Q T E S P M P V L
Z X S A K O T A X O S A A A I
B E E E U M W F P U O T R R N
J M V M M X O J O S L R E I É
D X E M O M X W S T U I N A A
É Q U A T I O N A R T C T B I
C N G R S N R S N A I E H L R
J S J G I I É N T C O G È E E
H F X A N F Z C O T N O S B L
X É T I T N A U Q I S I E R U
I V S D G I Z D Y O T E I F M
P R O B L È M E T N Y C W E R
C X G D X N O M B R E R A J O
S I M P L I F I E R E L R R F
Y R Y Y N N F A C T E U R A F
```

DIAGRAMME
ÉQUATION
EXPOSANT
FAUX
FACTEUR
FORMULE
FRACTION
INFINI
LINÉAIRE
MATRICE

NOMBRE
PARENTHÈSE
PROBLÈME
QUANTITÉ
SIMPLIFIER
SOLUTION
SOMME
SOUSTRACTION
VARIABLE
ZÉRO

13 - Plantas

```
Z I U R U E L F T J H O T F F
S U T C A C D C E Z M T B E D
W Y Ê T O C I R A H R J H U K
E C R C V L I Y H N E Z N I A
M C O H M I O N I D R A J L R
A O F E H E X O E N B A K L B
Y V U B J R Q S U O S F P A R
G O O S Y R X S Q I I L H G E
X P B R S E V I I T E O T E M
C É M K T E D U N A D R F D R
J T A B A I E B A T R E G O P
P A B H A V B H T É R G H Z V
R L J U D D R N O G F G N W Y
V E L L I U E F B É T G F E A
G D V Q C T H Q A V A S Z K D
```

BUISSON
ARBRE
BAIE
BAMBOU
BOTANIQUE
CACTUS
HERBE
HARICOT
ENGRAIS
FLEUR

FLORE
FORÊT
FEUILLE
FEUILLAGE
LIERRE
JARDIN
MOUSSE
PÉTALE
RACINE
VÉGÉTATION

14 - Veículos

```
H  C  A  M  I  O  N  O  I  V  A  R  Q  R  F
K  É  M  É  T  R  O  S  M  T  H  J  J  A  U
D  J  L  G  S  O  U  S  M  A  R  I  N  D  S
F  W  R  I  M  O  T  E  U  R  Y  P  D  E  É
B  E  C  Y  C  A  E  H  Q  N  O  J  U  A  E
K  T  X  F  Z  O  I  I  R  W  H  P  R  U  C
L  N  D  M  W  I  P  C  F  G  S  M  X  A  N
E  O  C  Q  O  P  E  T  T  E  V  A  N  E  A
R  U  E  T  C  A  R  T  È  N  R  J  J  T  L
E  R  U  T  I  O  V  A  Y  R  S  R  K  A  U
T  P  N  E  U  S  I  A  A  Q  E  J  Y  B  B
O  X  H  K  F  I  M  V  B  N  C  Z  K  Y  M
O  R  T  A  X  I  M  Y  F  U  B  J  H  T  A
C  A  R  A  V  A  N  E  O  M  S  L  O  Q  R
S  V  É  L  O  X  S  E  L  Z  B  S  Z  U  F
```

AMBULANCE	RADEAU
AVION	SCOOTER
FERRY	MÉTRO
BATEAU	MOTEUR
VÉLO	BUS
CAMION	PNEUS
CARAVANE	SOUS-MARIN
VOITURE	TAXI
FUSÉE	NAVETTE
HÉLICOPTÈRE	TRACTEUR

15 - Engenharia

```
M  X  É  U  E  D  I  U  Q  I  L  C  J  V  J
O  M  N  N  O  I  T  U  B  I  R  T  S  I  D
T  N  E  D  M  A  L  F  K  X  D  F  E  A  C
E  D  R  I  E  M  J  E  O  U  E  K  L  P  O
U  K  G  E  S  È  Z  J  R  R  L  D  I  S  N
R  S  I  S  U  T  P  N  M  V  C  X  S  T  S
Z  N  E  E  R  R  C  R  U  N  D  E  T  R  T
K  O  X  L  E  E  N  I  H  C  A  M  A  U  R
D  I  A  G  R  A  M  M  E  A  B  B  B  C  U
A  S  C  A  L  C  U  L  Q  X  L  U  I  T  C
H  N  F  R  I  C  T  I  O  N  Q  U  L  U  T
I  E  G  V  L  O  T  U  H  F  G  B  I  R  I
Q  M  C  L  Y  Y  I  L  U  R  M  G  T  E  O
X  I  R  U  E  D  N  O  F  O  R  P  É  C  N
G  D  P  R  O  P  U  L  S  I  O  N  A  E  V
```

FRICTION	ÉNERGIE
ANGLE	STABILITÉ
CALCUL	STRUCTURE
CONSTRUCTION	FORCE
DIAGRAMME	LIQUIDE
DIAMÈTRE	MACHINE
DIESEL	MESURE
DIMENSIONS	MOTEUR
DISTRIBUTION	PROFONDEUR
AXE	PROPULSION

16 - Restaurante # 2

```
D  Q  D  J  N  O  U  I  L  L  E  S  J  Z  R
S  É  R  X  C  T  J  O  E  W  F  E  A  U  E
O  L  L  T  L  Z  M  Y  G  N  W  S  X  H  N
U  O  F  I  T  I  R  É  P  A  S  I  F  D  U
P  F  K  U  C  X  Q  Y  N  E  B  A  Y  S  E
E  P  C  R  J  I  X  G  R  R  S  H  B  Q  J
P  L  B  F  E  Q  E  R  X  S  E  C  I  P  É
T  O  E  D  Z  C  D  U  Q  E  L  N  N  J  D
S  F  I  V  Y  I  A  A  X  M  B  S  Î  I  V
L  V  T  S  X  J  L  E  Z  U  O  E  G  D  Z
O  E  K  G  S  I  A  T  Z  G  I  R  G  K  Q
G  L  A  C  E  O  S  Â  L  É  S  V  A  G  P
Q  K  Q  W  J  Q  N  G  Z  L  S  E  Q  R  F
C  U  I  L  L  È  R  E  Q  Z  O  U  X  W  D
F  O  U  R  C  H  E  T  T  E  N  R  R  K  L
```

DÉJEUNER	SERVEUR
APÉRITIF	FOURCHETTE
EAU	GLACE
BOISSON	DÎNER
GÂTEAU	LÉGUMES
CHAISE	NOUILLES
CUILLÈRE	POISSON
DÉLICIEUX	SEL
ÉPICES	SALADE
FRUIT	SOUPE

17 - Países #2

```
S O A L B J I F L J U M Z I Q
T Y M I I Z J R K L R W B N F
S C R T O I A V L G N Y G D P
E U Q I X E M H F A L C Y O W
S N J Q E L A D S P N U R N U
A O Y Z D I Ï D L B N D T É G
R L M Z V B Q J A P O N E S R
U D P A C A U T P I Q R S I È
S J A I L N E H É K U D A E C
S M K R L I E C N A R F D N E
I H I E X E E T A L B A N I E
E A S G D A N E M A R K A A O
W Ï T I J K A E V H J I G R Q
V T A N B M W T V S L V U K D
F I N T T I E K I B K E O U T
```

ALBANIE	LIBAN
DANEMARK	MEXIQUE
FRANCE	NÉPAL
GRÈCE	NIGERIA
HAÏTI	PAKISTAN
INDONÉSIE	RUSSIE
IRLANDE	SYRIE
JAMAÏQUE	SOMALIE
JAPON	UKRAINE
LAOS	OUGANDA

18 - Material de Arte

```
G C C O U L E U R S L B A B Q
J H A R G I L E M M O G E Y R
P A R W Y S E L L E R A U Q A
Q I É B C R A Y O N S E Q C P
M S M E R U T N I E P B I K B
C E A F N O B R A H C W L G S
P R C D I D S D G U C P Y L I
A V É G P E B S R P U W R H U
P Y J A J A W X E L L O C L Z
I G P Z T E S G D S Y E A W C
E L I U H I W T E L A V E H C
R C T L V M V H E Q P T L O Y
E U C U E V R I X L E N C R E
D C S Q A P W K T U S F Z X U
R E Y H U M V K B É T A B L E
```

ACRYLIQUE
GOMME
AQUARELLES
ARGILE
EAU
CHAISE
CHARBON
CHEVALET
CAMÉRA
COLLE

COULEURS
CRÉATIVITÉ
BROSSES
CRAYONS
TABLE
HUILE
PAPIER
PASTELS
ENCRE
PEINTURE

19 - Números

```
H O U Y S D D U D H I C D A M
T X B J B F É J I G F O F M F
K M E V Y W X C X O B S R Y O
U C I N Q F B T I Q U A T R E
O Q G U M E E T S M H L I K Z
Y K W W A Z E X S A K U H L
V I N G T R H M V B I L H R F
N A Z Z T O S E I Z E Y X X P
E A Y É R T Q S O E Z N I U Q
U H S R O A P P R V U A D G D
F I U O I U S E P T O S R M N
P X H I S Q X H S I D O R C R
D P L W T W Q K W X B V C C A
U J Q T R E I Z E D I D E U X
Q H Z Y W S V K K H R D S D F
```

CINQ	QUATORZE
DÉCIMAL	QUATRE
DIX	QUINZE
SEIZE	SIX
DIX-SEPT	SEPT
DIX-HUIT	TREIZE
DEUX	TROIS
DOUZE	UN
NEUF	VINGT
HUIT	ZÉRO

20 - Física

```
M A G N É T I S M E E T F R S
É L E C T R O N M L X A R S F
J N N X L G D M O U P C É R Q
J K E J I V S Z T C A C Q M U
F O R M U L E S E É N É U É C
V M C Y O É C N U L S L E C H
G R A V I T É H R O I É N A I
L M J S A I A L A M O R C N M
L E S R E V I N U O N A E I I
M E L U C I T R A P S T X Q Q
X A K S A T T E S X Q I Y U U
E V S P P A Q T A L A O S E E
T W Y S S L V H A O U N W V M
G A Z D E E D E N S I T É K C
W L I C E R I A É L C U N Z J
```

ACCÉLÉRATION
ATOME
CHAOS
DENSITÉ
ÉLECTRON
EXPANSION
FORMULE
FRÉQUENCE
GAZ
GRAVITÉ

MAGNÉTISME
MASSE
MÉCANIQUE
MOLÉCULE
MOTEUR
NUCLÉAIRE
PARTICULE
CHIMIQUE
RELATIVITÉ
UNIVERSEL

21 - Especiarias

```
W E H C F C C O R I A N D R E
Z W D U E A G I N G E M B R E
L A N R N N A R F A S Y Y B R
S Z M R O N R É G L I S S E V
M A S Y U E D A C S U M O Q I
G D V U I L E S L F H Q I A O
L Q P E L L K C A T R Y X A P
D J Q W U E A A Y I F V W I V
I R L K P R M R S X G S J L A
C U M I N D E D U H Z R N P N
A A F J A O R A A B A V E G I
R O R F N U I M Z N H Z K K L
N J P H X X N O N G I O O K L
S H V S Q Y B M J Y I S C H E
S W D V S E M E X Q O D R U P
```

SAFRAN
RÉGLISSE
AIL
AMER
ANIS
AIGRE
VANILLE
CANNELLE
CARDAMOME
CURRY

OIGNON
CORIANDRE
CUMIN
DOUX
FENOUIL
GINGEMBRE
MUSCADE
POIVRE
SAVEUR
SEL

22 - Países #1

```
M A R O C K E N G A P S E S V
L F B T H E D I K Y Z Z N É E
C A N A D A N W R R B J G N N
X V E I S R A Ë L A M K O É E
K S F L H N L K B B K Q L G Z
G X Y A C X N C R X R X O A U
Q Z H M Z E I L A T I É P L E
P D S N S S F O X M P U S R L
A N O R V È G E N C B R V I A
N O B P R M Y T G V H O E L L
A R H X A G I P N M P N D J O
M D M V M Q P Y O P Q J N G B
A A Z L Q A U G A R A C I N E
U K E N G A M E L L A Q E S M
C C P N V É Q U A T E U R Z G
```

ALLEMAGNE
BRÉSIL
CAMBODGE
CANADA
EGYPTE
ÉQUATEUR
ESPAGNE
FINLANDE
IRAK
ISRAËL

ITALIE
INDE
MALI
MAROC
NICARAGUA
NORVÈGE
PANAMA
POLOGNE
SÉNÉGAL
VENEZUELA

23 - A Mídia

```
C F A J V X M O O M A X R X L
N O I T A C U D É G R U B C M
I I M N T R A L Z J S A M K K
N D I M A I N Q B Q A N R L E
D A N É U N T A J N H R M E V
I R T D D N C U W D G U S R A
V F E I X K I E D P H O T O S
I A L T A R L C M E A J T O T
D K L I Z E B U A E S É R P I
U O E O B N U M I T N K B I A
E R C N L G P V W S I T R N F
L X T L A I C R E M M O C I G
H P U J C L Q T J P Q O N O E
P B E G O N E I R T S U D N I
X W L A L E N U M É R I Q U E
```

ATTITUDES
COMMERCIAL
COMMUNICATION
NUMÉRIQUE
ÉDITION
ÉDUCATION
FAITS
FINANCEMENT
PHOTOS
INDIVIDUEL

INDUSTRIE
INTELLECTUEL
JOURNAUX
LOCAL
EN LIGNE
OPINION
PUBLIC
RADIO
RÉSEAU

24 - Casa

```
D V T J E U M A P X H N P E G
X O H X S V B I U N C C T D R
K U U K J N R K S H M F B C E
P T N C D I Y L G U F I Z L N
H P K L H E É N I M E H C Ô I
C I U A V E O O O C N J B T E
F I G R I D E A U X Ê A M U R
I A L A B I N A H T T R C R D
S É L C R B Q O Q N R D U E M
I E R B M A H C F O E I I V I
P O R T E L G Y N A Q N S M R
A T Q J B I D E I B L Q I U O
T E N I B O R M E R V P N R I
B I B L I O T H È Q U E E B R
K P L D Y M E U B L E S X F K
```

BIBLIOTHÈQUE   CHEMINÉE
CLÔTURE   MEUBLES
CLÉS   MUR
DOUCHE   PORTE
RIDEAUX   CHAMBRE
CUISINE   GRENIER
MIROIR   TAPIS
GARAGE   PLAFOND
FENÊTRE   ROBINET
JARDIN   BALAI

25 - Vegetais

```
W P O P R L B P S M C P W T I
P G F B P J É F O N I A A T J
E D A L A S R P E I S T B V C
R Q K L M T W P I O S A L R F
S A T T V U R E P N N T D Q Y
I A U B E R G I N E A E F O C
L R A O R V I L O C O R B I A
L A H S B T A W N É E B D G R
K D C A M O X N G L H M O N O
A I I I O M Y S I E S E N O T
Y S T L C A G K P R F G P N T
X S R H N T U I M I P N K G E
D H A D O E V M A E O I E W T
T J I N C N W F H B B G M V V
É C H A L O T E C Z I Q E K X
```

CÉLERI   POIS
ARTICHAUT   ÉPINARD
AIL   GINGEMBRE
PATATE   NAVET
AUBERGINE   CONCOMBRE
BROCOLI   RADIS
OIGNON   SALADE
CAROTTE   PERSIL
ÉCHALOTE   TOMATE
CHAMPIGNON

26 - Balé

```
M W Z F P E X P R E S S I F X
R M W B M R M S M Z Q R J D T
A J Z K U O A U Q C H M P C C
E E G X S J E T S E G U D O H
A M N U I G K N I C M G M M O
E D C H Q É R Z C Q L G A P R
S O L O U T Z A N E U E X É É
H K R H E I R S C N W E S T G
O R C H E S T R E I X C G E R
X F Y O I N P U M R E A I N A
S T Y L E E U E H E B U K C P
G O K F N T B S T L P X X E H
P H N O J N L N Y L G P O L I
Z N V U F I I A R A V O S W E
A P Y O P Q C D A B M N E X R
```

BALLERINE
CHORÉGRAPHIE
DANSEURS
STYLE
EXPRESSIF
GESTE
GRACIEUX
COMPÉTENCE

INTENSITÉ
MUSCLES
MUSIQUE
ORCHESTRE
PRATIQUE
PUBLIC
RYTHME
SOLO

27 - Adjetivos #1

```
X U E I C É R P L Z M L L A H
X H D Z D P A R F A I T N R O
E C B J Y E G R A V E A M T N
M I N C E D N A R G N B Y I N
E M R O N É T T N H A S S S Ê
W X L E N T T K I E C O T T T
S W O N N X K U M Q C L É I E
T N A T R O P M I Z U U R Q G
J L N O I F O N C É L E I U É
C X J W O Q Y L M H M Z E E N
X E A W O M U I I R X I U B É
M O D E R N E E X I M J X Z R
D C C G A R O M A T I Q U E E
X K F M A T T R A C T I F N U
L O U R D V T E Z X U R P Z X
```

ABSOLU	HONNÊTE
AROMATIQUE	IDENTIQUE
ARTISTIQUE	IMPORTANT
ATTRACTIF	LENT
ÉNORME	MYSTÉRIEUX
FONCÉ	MODERNE
EXOTIQUE	PARFAIT
MINCE	LOURD
GÉNÉREUX	GRAVE
GRAND	PRÉCIEUX

28 - Psicologia

```
P  É  T  I  L  A  É  R  P  V  R  C  F  F  D
E  É  M  O  V  L  O  J  Y  E  T  Ê  Z  R  C
R  V  I  O  G  E  C  N  A  F  N  E  V  D  O
S  A  N  C  T  J  S  P  A  Q  E  S  L  E  G
O  L  F  L  N  I  U  U  Q  M  S  É  G  S
N  U  L  I  E  N  O  I  T  P  E  C  R  E  P
N  A  U  N  I  T  V  N  X  R  T  W  M  M  S
A  T  E  I  C  H  Z  O  S  R  R  O  V  È  H
L  I  N  Q  S  É  E  I  W  G  O  N  D  L  M
I  O  C  U  N  R  D  T  Z  E  P  N  E  B  Q
T  N  E  E  O  A  N  A  U  H  M  L  H  O  C
É  W  S  Q  C  P  E  S  X  A  O  G  F  R  K
Y  Y  K  X  N  I  R  N  W  S  C  B  B  P  F
Y  N  X  D  I  E  V  E  C  O  N  F  L  I  T
O  Y  T  N  E  I  C  S  N  O  C  B  U  S  M
```

ÉVALUATION	PENSÉES
CLINIQUE	PERCEPTION
COMPORTEMENT	PERSONNALITÉ
RENDEZ-VOUS	PROBLÈME
CONFLIT	RÉALITÉ
EGO	SENSATION
ÉMOTIONS	RÊVES
INCONSCIENT	SUBCONSCIENT
ENFANCE	THÉRAPIE
INFLUENCES	

29 - Paisagens

```
M G C P Y P O A S I S D D W W
U M L L A U É L E I I D É O U
M U N A É C O N N V A I S T O
K E G N C F V L I L A C E L X
V G R K V I U F L N F D R S V
K A E Î L E E A L Q S D T N S
S L B Z Y F N R O Z I U C F K
O P E J L L G D C L A Z L X V
B I C M X O A N I Y R N K E Z
E K I Q K G T U P K A A B F V
V O L C A N N O G F M B G L Z
M I N R E H O T R X U E T E I
T Q V P D D M V A L L É E U Y
A P M S L Y D G C Q E J E V X
C A S C A D E T T O R G T E A
```

CASCADE   MONTAGNE
GROTTE   OASIS
COLLINE   OCÉAN
DÉSERT   MARAIS
GLACIER   PÉNINSULE
GOLFE   PLAGE
ICEBERG   FLEUVE
ÎLE   TOUNDRA
LAC   VALLÉE
MER   VOLCAN

30 - Dança

```
R Z P X L B S M Z I F Q G T E
C É B A E R A F R L M G K S X
O C P K R E U Q I S S A L C P
R H M É U T T S A F G M X B R
P O O T T Y E I M É D A C A E
S R U N L I J N N Z H C V V S
N É V B U K T R A L W F W I S
Z G E L C W O I N I E X E S I
K R M A G E L Y O R R U C U F
Z A E C Â R G D I N U E U E X
W P N V A P A R T N T Y L L P
B H T A U Z Q X O W S O T Z V
X I E U Q I S U M R O J U U S
P E M H T Y R K É F P Y R U Z
T R A D I T I O N N E L E E C
```

ACADÉMIE	EXPRESSIF
JOYEUX	GRÂCE
ART	MOUVEMENT
CLASSIQUE	MUSIQUE
CHORÉGRAPHIE	PARTENAIRE
CORPS	POSTURE
CULTURE	RYTHME
CULTUREL	SAUT
ÉMOTION	TRADITIONNEL
RÉPÉTITION	VISUEL

31 - Nutrição

```
C M T W Z É R B I L I U Q É Z
A O Y A X D Z É T I L A U Q D
P R M D F T E O V Q O Y O P G
P A F E K N I A S U Y P J R Q
É S G E S G O S A I F R W O N
T E P A R T T I O D I I G T U
I I A V T M I B T E U Y E É T
T R U U A G E B V S T Y T I R
T O X I N E N N L R E M A N I
O L S A V E U R T E L G I E T
S A U C E O U O S A J J I S I
S C P O I D S J A E T È I D F
G L U C I D E S N U D I S U E
V I T A M I N E T Z J X O N P
B H H F P U U T É K E U O N S
```

AMER
APPÉTIT
CALORIES
GLUCIDES
COMESTIBLE
DIÈTE
DIGESTION
ÉQUILIBRÉ
FERMENTATION
LIQUIDES

SAUCE
NUTRITIF
POIDS
PROTÉINES
QUALITÉ
SAVEUR
SAIN
SANTÉ
TOXINE
VITAMINE

32 - Energia

```
É  L  E  C  T  R  O  N  Z  E  H  B  É  M  M
N  U  C  L  É  A  I  R  E  N  Y  A  L  G  R
T  J  N  P  D  D  S  F  N  T  D  T  E  W  E
U  H  E  H  I  E  S  I  O  R  R  T  C  P  N
R  B  S  O  E  M  T  W  B  O  O  E  T  O  O
B  S  S  T  S  I  I  G  R  P  G  R  R  L  U
I  T  E  O  E  M  R  S  A  I  È  I  I  L  V
N  S  Q  N  L  S  W  T  C  E  N  E  Q  U  E
E  S  O  L  E  I  L  M  S  G  E  G  U  T  L
C  A  R  B  U  R  A  N  T  U  D  Y  E  I  A
M  O  T  E  U  R  V  E  N  T  D  J  A  O  B
E  N  V  I  R  O  N  N  E  M  E  N  T  N  L
C  H  A  L  E  U  R  I  X  X  U  R  I  J  E
W  G  O  Q  K  B  V  R  B  F  N  E  E  Z  C
V  T  C  H  L  D  H  I  L  R  V  G  I  Z  R
```

ENVIRONNEMENT	ESSENCE
BATTERIE	HYDROGÈNE
CHALEUR	INDUSTRIE
CARBONE	MOTEUR
CARBURANT	NUCLÉAIRE
DIESEL	POLLUTION
ÉLECTRIQUE	RENOUVELABLE
ÉLECTRON	SOLEIL
ENTROPIE	TURBINE
PHOTON	VENT

33 - Disciplinas Científicas

```
J  E  I  G  O  L  A  R  É  N  I  M  Q  L  R
F  K  C  U  É  S  O  C  I  O  L  O  G  I  E
E  I  G  O  L  O  R  U  E  N  V  M  A  C  U
P  I  F  D  Q  W  L  V  P  G  G  É  R  H  Q
N  Q  C  E  O  O  O  Z  D  B  T  C  I  I
Z  O  O  L  O  G  I  E  G  E  Y  É  H  M  T
B  I  O  C  H  I  M  I  E  I  B  O  É  I  S
B  O  T  A  N  I  Q  U  E  M  E  R  O  E  I
M  É  C  A  N  I  Q  U  E  O  I  O  L  D  U
A  N  A  T  O  M  I  E  R  N  G  L  O  A  G
T  W  S  W  T  C  U  U  E  O  O  O  G  X  N
K  Q  I  F  H  F  B  I  E  R  L  G  I  V  I
I  X  N  S  W  J  X  M  D  T  O  I  E  N  L
K  V  D  J  J  W  B  P  L  S  I  E  V  F  R
É  C  O  L  O  G  I  E  Q  A  B  U  D  I  Z
```

ANATOMIE	LINGUISTIQUE
ARCHÉOLOGIE	MÉCANIQUE
ASTRONOMIE	MÉTÉOROLOGIE
BIOLOGIE	MINÉRALOGIE
BIOCHIMIE	NEUROLOGIE
BOTANIQUE	CHIMIE
ÉCOLOGIE	SOCIOLOGIE
GÉOLOGIE	ZOOLOGIE

34 - Meditação

```
G N E T É M P K P Z K E E P A
R A N H V U H E Z Z Q V S G C
A T S R E S E E N G P I P O C
T U E A I I E A V S E T R B E
I R I C L Q R C X Y É C I S P
T E G O L U B L Y E T E T E T
U M N M É E P A I X R P S R A
D O E P I H K T E N A S N V T
E U M A E Z B N E Z L R O A I
I V E S F J I E X E C E I T O
A E N S Z C D M U G T P T I N
V M T I P O S T U R E W O O H
Z E S O S I L E N C E L M N E
V N M N O I T N E T T A É V Y
V T G E N T I L L E S S E H C
```

ACCEPTATION
ÉVEILLÉ
ATTENTION
GENTILLESSE
CLARTÉ
COMPASSION
ÉMOTIONS
ENSEIGNEMENTS
GRATITUDE
MENTAL

ESPRIT
MOUVEMENT
MUSIQUE
NATURE
OBSERVATION
PAIX
PENSÉES
PERSPECTIVE
POSTURE
SILENCE

35 - Artes Visuais

```
C  E  R  U  T  N  I  E  P  Z  O  P  Y  V  S
E  R  V  U  Œ  D  F  E  H  C  T  C  N  P  C
Q  I  É  K  T  I  S  P  V  W  Y  G  O  F  U
H  C  K  A  V  L  F  O  P  N  N  A  I  J  L
M  A  G  H  T  S  D  Q  T  O  L  Y  T  S  P
X  J  J  H  L  I  D  O  D  Y  C  X  I  E  T
R  F  L  N  J  I  V  C  H  A  E  H  S  T  U
I  M  D  H  F  U  C  I  M  R  A  Y  O  S  R
A  C  R  A  I  E  F  M  T  C  Y  P  P  I  E
J  R  I  X  C  Z  A  L  D  É  E  G  M  T  R
E  A  G  C  H  E  V  A  L  E  T  U  O  R  J
O  Y  T  I  A  R  T  R  O  P  Y  K  C  A  A
W  P  K  M  L  I  F  V  E  R  N  I  S  P  H
Q  U  M  Y  J  E  U  Q  I  M  A  R  É  C  T
A  R  C  H  I  T  E  C  T  U  R  E  Q  W  C
```

ARGILE   SCULPTURE
ARCHITECTURE   POCHOIR
ARTISTE   FILM
STYLO   CRAIE
CHEVALET   CRAYON
CIRE   CHEF-D'ŒUVRE
CÉRAMIQUE   PEINTURE
COMPOSITION   PORTRAIT
CRÉATIVITÉ   VERNIS

36 - Moda

```
M  R  D  B  Z  K  E  T  E  X  T  U  R  E  P
V  O  Q  F  Y  E  I  E  T  S  E  D  O  M  R
Ê  T  D  C  I  C  D  T  L  V  J  E  O  D  A
T  C  B  E  L  Y  T  S  S  P  Q  U  R  E  T
E  Q  R  C  R  P  C  I  R  R  M  Q  X  L  I
M  V  O  N  A  N  C  L  S  X  C  I  R  B  Q
E  O  D  A  B  D  E  A  D  Y  H  T  S  A  U
N  R  E  D  O  W  O  M  G  L  E  U  Q  T  E
T  I  R  N  R  C  B  I  D  O  R  O  L  R  L
S  G  I  E  D  W  O  N  F  H  H  B  A  O  L
L  I  E  T  A  T  U  I  Q  C  H  F  R  F  E
R  N  Y  O  B  I  T  M  É  L  É  G  A  N  T
Y  A  H  K  L  S  O  Y  W  Z  H  B  X  O  N
W  L  P  J  E  S  N  A  R  Y  L  D  E  C  E
U  C  S  E  R  U  S  E  M  T  T  E  H  K  D
```

ABORDABLE	MODERNE
BRODERIE	MODESTE
BOUTONS	ORIGINAL
BOUTIQUE	PRATIQUE
CHER	DENTELLE
CONFORTABLE	VÊTEMENTS
ÉLÉGANT	SIMPLE
STYLE	TISSU
MESURES	TENDANCE
MINIMALISTE	TEXTURE

37 - Instrumentos Musicais

```
K V K H A R P E M F M O V H T
T X I E P M W C A L Y Q S M R
B R B O J N A B N Û C A H J O
A T O V L J V C D T L B J U M
S A T M U O N E O E P M V W B
S M A G P D N T L N I I T C O
O B M W D E T T I O P R A G N
N O B S W P T A N H M A C N E
U U O I G J H T E P R M I O O
I R U O U V E E O D W N G S
H I R B I H Q G H X T R O A P
B N E T T E N I R A L C M G B
T Z T U A N O I S S U C R E P
R K C A R B X G E I A I A U T
S B C H E K P C W X C F H N X
```

MANDOLINE
BANJO
CLARINETTE
BASSON
FLÛTE
HARMONICA
GONG
HARPE
MARIMBA
HAUTBOIS

TAMBOURIN
PERCUSSION
PIANO
SAXOPHONE
TAMBOUR
TROMBONE
TROMPETTE
GUITARE
VIOLON

38 - Adjetivos #2

```
D P Y N G F I T P I R C S E D
F Z R E I F F W S M C É L U F
T H H O Z S T N A G É L É Q Z
B T R M D U A H C O D È K I S
D N N G R U Y J V D S B I T A
S A L É E Q C B C O K R O N U
B S G X S O T T X U G E N E V
X S E E P Y I R I É P U R H A
B E C V O N O O G F C H Y T G
S R R C N R O F E S I B N U E
A É É O S Q I U L E R U T A N
I T A Q A O M E V C Y I S J W
N N T S B N R U C E S S W M S
Y I I O L A M R O N A S Z V M
Q R F S E S Z G K D K U N T U
```

AUTHENTIQUE   NOUVEAU
CRÉATIF   FIER
DESCRIPTIF   PRODUCTIF
DOUÉ   PUR
ÉLÉGANT   CHAUD
CÉLÈBRE   RESPONSABLE
FORT   SALÉ
INTÉRESSANT   SAIN
NATUREL   SEC
NORMAL   SAUVAGE

39 - Roupas

```
C  T  S  P  C  J  V  L  M  R  Z  M  P  B  T
H  S  J  C  Y  H  E  B  O  R  Z  I  A  R  X
E  A  K  K  Z  J  A  A  O  P  S  T  N  A  G
M  N  O  E  J  M  A  U  N  M  H  R  T  C  O
I  D  T  U  Z  G  V  M  S  S  C  Z  A  E  P
S  A  J  D  U  E  S  V  A  S  S  L  L  L  F
I  L  J  I  A  S  M  O  D  E  E  K  O  E  E
E  E  L  C  E  I  N  T  U  R  E  T  N  T  R
R  S  P  E  T  M  F  K  M  W  V  L  T  R  U
P  R  U  P  N  E  F  Q  G  V  W  D  D  E  S
E  R  L  H  A  H  D  T  Q  H  D  G  G  I  S
T  H  L  M  M  C  H  A  P  E  A  U  W  L  U
L  O  L  H  S  V  E  S  T  E  P  U  J  L  A
T  A  B  L  I  E  R  Y  S  Z  I  O  J  O  H
Y  A  Y  F  G  W  E  J  O  L  B  J  J  C  C
```

TABLIER	GANTS
CHEMISIER	CHAUSSETTES
PANTALON	MODE
CHEMISE	PYJAMA
MANTEAU	BRACELET
CHAPEAU	JUPE
CEINTURE	SANDALES
COLLIER	CHAUSSURE
VESTE	PULL
JEANS	ROBE

40 - Herbalismo

```
R  E  U  Q  I  T  A  M  O  R  A  T  E  F  L
V  E  R  T  C  N  Z  J  K  W  B  H  S  L  A
H  B  L  T  L  Z  G  P  D  F  O  Y  T  E  V
E  N  I  A  L  O  J  R  A  M  B  M  R  U  A
P  E  U  Q  I  F  É  N  É  B  W  G  A  R  N
X  N  O  O  R  L  X  O  R  D  X  N  G  M  D
P  O  N  V  P  K  C  Q  X  E  I  X  O  D  E
Q  B  E  L  L  T  O  H  N  W  M  E  N  X  B
S  T  F  P  A  J  A  R  D  I  N  W  N  É  A
V  A  Z  V  N  I  R  A  M  O  R  B  Y  T  S
C  S  F  Q  T  G  U  I  N  D  T  M  B  I  I
X  Y  G  R  E  U  E  O  P  E  R  S  I  L  L
S  H  L  T  A  U  V  W  D  M  R  W  B  A  I
T  W  E  R  D  N  A  I  R  O  C  B  W  U  C
V  F  F  N  O  I  S  F  T  W  H  P  Y  Q  T
```

SAFRAN	JARDIN
ROMARIN	LAVANDE
AIL	BASILIC
AROMATIQUE	MARJOLAINE
BÉNÉFIQUE	PLANTE
CORIANDRE	QUALITÉ
ESTRAGON	SAVEUR
FLEUR	PERSIL
FENOUIL	THYM
INGRÉDIENT	VERT

41 - Arqueologia

```
F O S S I L E S N Y U C Y C H
F X A E P I U Q É E D X I I T
R É I L B U O P T V C B O V F
A A G P M Y S T È R E U I I V
G W J M K X I H P R A N D L H
E C H E R C H E U R E N C I X
È X É T I U Q I T N A O S S Y
K R P A I J E L K E R C E A O
Z X E E X I U S U Y U N É T B
N J E I R M Q L S Q C I N I J
T O M B E T I E K E D A N O E
N O I T A U L A V É F M A N T
M T N A D N E C S E D O J Q S
Z G Q N W V R X O T G N R X A
A N A L Y S E J N H I I B P R
```

ANALYSE	OUBLIÉ
ANNÉES	FOSSILE
ANTIQUITÉ	CHERCHEUR
ÉVALUATION	MYSTÈRE
CIVILISATION	OBJETS
DESCENDANT	OS
INCONNU	PROFESSEUR
ÉQUIPE	RELIQUE
ÈRE	TEMPLE
EXPERT	TOMBE

42 - Esporte

```
E  M  M  A  R  G  O  R  P  O  D  U  W  Q  C
C  J  W  F  I  T  C  E  J  B  O  A  I  T  D
N  A  G  N  I  G  G  O  J  H  D  H  N  K  V
A  V  P  U  F  M  P  J  R  F  B  J  I  S  L
R  M  R  A  F  N  T  T  Y  P  Q  E  C  S  E
U  T  I  B  C  O  N  G  Z  C  S  É  J  P  Q
D  W  W  P  G  I  J  H  U  A  E  T  È  I  D
N  O  I  T  I  R  T  U  N  T  L  N  E  J  S
E  D  U  I  Z  L  J  É  V  H  C  A  X  Y  U
M  A  X  I  M  I  S  E  R  L  S  S  R  C  B
F  C  Y  C  L  I  S  M  E  È  U  P  N  L  V
O  O  B  C  X  X  U  G  R  T  M  U  A  N  N
R  O  R  A  M  T  N  E  M  E  R  I  T  É  A
C  P  E  Z  I  T  W  X  O  S  T  R  O  P  S
E  U  Q  I  L  O  B  A  T  É  M  D  F  D  U
```

ÉTIREMENT	MAXIMISER
ATHLÈTE	MÉTABOLIQUE
CAPACITÉ	MUSCLES
CYCLISME	NUTRITION
CORPS	OBJECTIF
DANSE	OS
DIÈTE	PROGRAMME
SPORTS	ENDURANCE
FORCE	SANTÉ
JOGGING	

43 - Agronomia

```
A  S  F  I  N  Z  O  S  E  T  N  A  L  P  P
R  G  N  W  W  M  Y  B  E  S  B  V  M  O  T
U  V  R  S  Y  S  T  È  M  E  S  S  S  L  D
S  E  N  I  A  R  G  K  Y  O  F  E  X  L  É
E  R  Y  E  C  N  A  S  S  I  O  R  C  U  N
I  U  H  W  D  U  A  E  A  I  I  F  G  T  E
D  R  E  I  G  O  L  O  C  É  V  U  C  I  R
A  A  G  X  S  M  O  T  T  E  K  A  T  O  G
L  L  F  G  Y  U  S  M  U  Y  Q  M  C  N  I
A  T  N  E  M  E  N  N  O  R  I  V  N  E  E
M  O  R  G  A  N  I  Q  U  E  E  V  S  S  X
P  R  O  D  U  C  T  I  O  N  O  F  Q  K  E
É  R  O  S  I  O  N  L  É  G  U  M  E  S  O
E  N  G  R  A  I  S  Z  S  C  I  E  N  C  E
J  Q  F  A  D  U  R  A  B  L  E  T  G  U  K
```

AGRICULTURE
ENVIRONNEMENT
EAU
SCIENCE
CROISSANCE
MALADIES
ÉCOLOGIE
ÉNERGIE
ÉROSION
ENGRAIS

LÉGUMES
ORGANIQUE
PLANTES
POLLUTION
PRODUCTION
RURAL
GRAINES
SYSTÈMES
SOL
DURABLE

44 - Frutas

```
C C T G P O G E T J M O J H P
I A E F R A M B O I S E I A B
T N R R G Z R L C F T R Q O A
R A Û Z I E Z C I W I K V C V
O N M W W S H V R P T G E O O
N A V L Z H E B B C H M U C C
V S P Ê C H E R A K C I G E A
N E C T A R I N E B R D N D T
P N U W P B H Y M H X C A X S
K A B B G A N T M Z Y T M I L
N N Y U N P D O N U P B O H
R A P O I R E A P K S V Q N V
V B X P G V M U Y R A I S I N
F G K U V I S S Q E G N A R O
J O J W B P R T Q Z O P L H U
```

AVOCAT	KIWI
ANANAS	ORANGE
MÛRE	CITRON
BAIE	POMME
BANANE	PAPAYE
CERISE	MANGUE
NOIX DE COCO	NECTARINE
ABRICOT	POIRE
FIGUE	PÊCHE
FRAMBOISE	RAISIN

45 - Corpo Humano

```
C T X N N I B V O L U M T Z S
N E D U O C O M G H P Â G P Q
C I R U Œ C U A C O P C S K S
G W Q V Z P C I U A U H P Y J
N E T T E T H N L U C O E T G
A B N D E A E Y I S U I K P R
S M O O L N U P E A U R D S L
R A R K U A E N O T N E M F I
B J F X A Q E L L I V E H C D
O T F O P Y Q K E O A U Z W X
Y K B V É P E Q Z O H X X X G
Q X J R Y E Q N G M D C M G J
S G T M O Q B Q T G I O D G D
T Ê T E L L I E R O P U B W H
A X S N L T X Y V Z W G P S F
```

BOUCHE	OEIL
TÊTE	ÉPAULE
CERVEAU	OREILLE
CŒUR	PEAU
COUDE	JAMBE
DOIGT	COU
GENOU	MENTON
MÂCHOIRE	SANG
MAIN	FRONT
NEZ	CHEVILLE

46 - Caminhada

```
J O C C E T R A C L Z M B F L
G S T P A W C A M P I N G J O
N J Q X U A M I N A U E X V U
D A N G E R S E T T O B L N R
R S D B R F C F O E K X X O D
G P A K S E R R E I P K C L S
B Y N O I T A T N E I R O Y C
R N S Y G O P F A L A I S E N
S A U V A G E N G A T N O M A
F A T I G U É E A K U P G M T
N P R É P A R A T I O N U É U
C L I M A T F X R Q H L I T R
D S Y H R L O P T M N O D É E
S D C O G P H Z B W W K E O O
J O Z T Z E E G H I P E S S M
```

CAMPING   ORIENTATION
ANIMAUX   PARCS
EAU   PIERRES
BOTTES   FALAISE
FATIGUÉ   DANGERS
CLIMAT   LOURD
GUIDES   PRÉPARATION
CARTE   SAUVAGE
MONTAGNE   SOLEIL
NATURE   MÉTÉO

47 - Biologia

```
P O S M O S E C E B S B C G V
T H K O V Y R N V H C A O Q N
C N O I T U L O V É R C L G B
M H E T A N Y N F E E T L D I
E E R Y O L A T N N L É A M Y
K N È O C S F T A O I R G U B
X O F B M G Y V U M T I È T V
B R I L Q O Y N W R P E N A N
A U M K Q H S K T O E S E T D
E E M S D Y H O O H R L R I C
A N A T O M I E M R È G V O H
A M M K E L U L L E C S Q N V
E M B R Y O N N E R F P E X X
S Y M B I O S E N I É T O R P
E N Z Y M E S Y N A P S E R N
```

ANATOMIE	MAMMIFÈRE
BACTÉRIES	MUTATION
CELLULE	NATUREL
COLLAGÈNE	NERF
CHROMOSOME	NEURONE
EMBRYON	OSMOSE
ENZYME	PROTÉINE
ÉVOLUTION	REPTILE
PHOTOSYNTHÈSE	SYMBIOSE
HORMONE	SYNAPSE

48 - Beleza

```
P H O T O G É N I Q U E R F M
C O U L E U R Y V A A R É U A
S H A M P O O I N G E P L N Q
D J K Y L L M B S D P O É R U
M N B Z W G I Q C U K Z G Y I
S J X A A K C N T I G N A U L
E U Q I T É M S O C S J N J L
C E S S I L B O G T T E T R A
I T K X I P I H M R K G A G G
V S H S E L C U O B E H M U E
R I O R I M U F R A P C Y E X
E L M H R A R A C S A M O Y K
S Y Z É L É G A N C E F V S U
P T P S E L I U H G R Â C E J
P S T I U D O R P C E M K X Z
```

BOUCLES
CHARME
COULEUR
COSMÉTIQUE
ÉLÉGANT
ÉLÉGANCE
MIROIR
STYLISTE
PHOTOGÉNIQUE
PARFUM

GRÂCE
MAQUILLAGE
HUILES
PEAU
PRODUITS
MASCARA
SERVICES
LISSE
CISEAUX
SHAMPOOING

49 - Filantropia

```
U  B  U  T  S  J  I  D  W  P  B  G  H  M  C
H  O  N  N  Ê  T  E  T  É  U  M  R  I  I  O
C  É  T  U  A  N  U  M  M  O  C  O  S  S  N
K  T  H  U  M  A  N  I  T  É  Y  U  T  S  T
Q  I  A  O  Y  F  Q  V  N  F  C  P  O  I  A
P  R  O  G  R  A  M  M  E  S  A  E  I  O  C
F  A  R  F  A  Y  P  A  S  D  D  S  R  N  T
I  H  O  Q  M  P  Z  W  S  C  É  N  E  D  S
N  C  G  A  R  N  B  Q  E  K  B  F  O  P  T
A  I  I  M  O  H  Y  S  N  D  V  P  I  F  N
N  L  N  J  O  Q  Z  J  U  P  F  K  E  S  A
C  B  G  Y  S  W  A  Y  E  B  B  Q  K  A  F
E  U  E  G  S  G  Z  T  J  B  E  S  O  I  N
Y  P  N  G  É  N  É  R  O  S  I  T  É  L  E
V  S  S  G  L  O  B  A  L  T  N  F  O  L  L
```

CHARITÉ	HISTOIRE
COMMUNAUTÉ	HONNÊTETÉ
CONTACTS	HUMANITÉ
ENFANTS	JEUNESSE
DÉFIS	MISSION
FINANCE	BESOIN
FONDS	BUTS
GÉNÉROSITÉ	GENS
GLOBAL	PROGRAMMES
GROUPES	PUBLIC

50 - Ecologia

```
G R E S S O U R C E S S I T E
Z M V R D N O I T A T É G É V
L H P V Z X R D E R U T A N H
B É N É V O L E S C M U L É W
N U P R A V Z Q R Z T A E T E
S É C H E R E S S E H N R É P
D F L A I M U P I B Y U U I J
I L F X V F O E N S X M T R N
V O K G R P Y N V V R M A A D
E R F G U C S U T L M O N V U
R E P P S S I A R A M C A F R
S E T N A L P F O B G V F Q A
I H A B I T A T P O X N C B B
T A M I L C N R B L Z R E R L
É T V I V M K K L G Y S X S E
```

CLIMAT
COMMUNAUTÉS
DIVERSITÉ
FAUNE
FLORE
GLOBAL
HABITAT
MARIN
MONTAGNES
NATUREL

NATURE
MARAIS
PLANTES
RESSOURCES
SÉCHERESSE
SURVIE
DURABLE
VARIÉTÉ
VÉGÉTATION
BÉNÉVOLES

51 - Família

```
M  È  R  E  G  P  C  O  U  S  I  N  D  H  N
S  R  F  L  I  R  A  S  Y  O  V  Q  E  F  A
O  W  E  L  I  F  A  T  Q  G  A  J  G  E  W
E  H  W  I  I  I  R  N  E  R  È  P  R  M  C
U  F  Y  F  Y  P  L  A  D  R  E  Y  J  M  O
R  J  G  I  X  E  Q  A  U  M  N  D  S  E  Y
B  V  T  M  T  I  R  F  Y  O  È  E  N  A  A
T  F  A  Q  A  S  G  A  V  N  V  R  L  N  N
E  U  N  Q  T  T  P  E  A  E  M  È  E  C  X
M  K  T  R  B  N  E  E  E  V  A  R  C  Ê  F
E  J  E  V  G  A  K  R  E  E  R  F  È  T  C
X  F  R  R  V  F  Y  T  N  U  I  U  I  R  S
X  P  T  E  C  N  A  F  N  E  K  V  N  E  Z
Y  Y  Q  B  N  E  L  C  N  O  L  T  V  A  X
P  E  T  I  T  F  I  L  S  E  N  F  A  N  T
```

ANCÊTRE	MATERNEL
GRAND-MÈRE	MÈRE
ENFANT	PETIT-FILS
ENFANTS	PÈRE
FEMME	PATERNEL
FILLE	COUSIN
ENFANCE	NIÈCE
SOEUR	NEVEU
FRÈRE	TANTE
MARI	ONCLE

52 - Férias #2

```
R  T  K  É  Q  G  E  P  L  A  G  E  A  B  H
É  R  P  F  T  W  T  I  J  M  T  F  É  M  Ô
S  A  C  T  T  R  N  N  D  T  S  I  R  O  T
E  N  C  V  R  E  A  C  O  M  V  C  O  N  E
R  S  M  Q  O  E  R  N  B  Q  I  J  P  T  L
V  P  M  T  P  Y  U  V  G  C  S  M  O  A  I
A  O  E  D  E  I  A  I  T  E  A  I  R  G  M
T  R  R  S  S  C  T  G  X  Q  R  X  T  N  L
I  T  E  D  S  V  S  K  E  T  R  A  C  E  O
O  Î  L  E  A  X  E  O  T  U  O  T  O  S  I
N  O  J  P  P  F  R  Q  N  R  Q  J  A  H  S
S  P  H  O  T  O  S  U  E  W  E  A  D  K  I
V  A  C  A  N  C  E  S  T  W  O  B  Q  D  R
A  W  N  G  Q  U  X  Q  J  U  Y  I  L  B  Y
D  E  S  T  I  N  A  T  I  O  N  N  Z  T  B
```

AÉROPORT	MONTAGNES
DESTINATION	PASSEPORT
ÉTRANGER	PLAGE
VACANCES	RÉSERVATIONS
PHOTOS	RESTAURANT
HÔTEL	TAXI
ÎLE	TENTE
LOISIR	TRANSPORT
CARTE	VOYAGE
MER	VISA

53 - Edifícios

```
C V T U N I V E R S I T É Y Z
I X N O S U P E R M A R C H É
N L E N U A E T Â H C R W K F
É E M T S R A T E N T E U O U
M R E Z P L M R R É F X W W S
A I T W I T B D I B S E I O I
W O R U O J A C O N N U R H N
S T A D E N S Z T L L F M M E
R A P V R O S L A T I P Ô H E
S R P E T É A E V H W E H E P
X O A X Â C D T R Q Q G V D J
F B C V É O E Ô E G R A N G E
Z A A P H L J H S P R R C M C
Z L V D T E B C B Q P A R Z L
K I L J S N C S O D B G R Z I
```

APPARTEMENT HÔPITAL
CHÂTEAU HÔTEL
GRANGE LABORATOIRE
CINÉMA MUSÉE
AMBASSADE OBSERVATOIRE
ÉCOLE SUPERMARCHÉ
STADE THÉÂTRE
FERME TENTE
USINE TOUR
GARAGE UNIVERSITÉ

54 - Xadrez

```
L U V F U B J U S R R F F R Z
S L J M D A Q L Q K È E U C W
R A E X O O B Y G G R G I O R
U N C N A L B D V X R Z L N I
O O A R E I G É T A R T S E E
C G P U I P T X V P I E I R S
N A P E H F J I M A O M F I T
O I R U O P I C X S N P É A N
C D E O B Q A C J S O S D S I
P N N J J E U X E I I X L R O
A N D J K I B A T F P T R E P
J R R D F J Z L X E M B Z V A
M Z E K X H A A Q Y A P X D F
T O U R N O I P J F H R N A M
I S Y X M K K O L H C I O I E
```

APPRENDRE
BLANC
CHAMPION
CONCOURS
DÉFIS
DIAGONAL
STRATÉGIE
JOUEUR
JEU
ADVERSAIRE

PASSIF
POINTS
NOIR
REINE
RÈGLES
ROI
SACRIFICE
TEMPS
TOURNOI

55 - Aventura

```
P R É P A R A T I O N R O C I
I T I N É R A I R E N M P H N
D J K E S É C U R I T É P A H
W A A X R O P U A E V U O N A
E N T H O U S I A S M E R C B
N V H Z B D T D K S Q D T E I
A D E S T I N A T I O N U B T
V D A E N M O C N S M V N E U
I J É M P Y I D B P J T I A E
G J C F I G S S K P O F T U L
A P W E I S R S L K I V É T L
T F J S C S U E S Z E I V É O
I V É T L U C I F F I D P L Z
O T Y S I D X U E R E G N A D
N X X O B Y E A C T I V I T É
```

JOIE	INHABITUEL
AMIS	ITINÉRAIRE
ACTIVITÉ	NATURE
BEAUTÉ	NAVIGATION
CHANCE	NOUVEAU
DÉFIS	OPPORTUNITÉ
DESTINATION	DANGEREUX
DIFFICULTÉ	PRÉPARATION
ENTHOUSIASME	SÉCURITÉ
EXCURSION	

56 - Floresta Tropical

```
P  R  É  S  E  R  V  A  T  I  O  N  J  W  L
B  S  É  T  I  S  R  E  V  I  D  R  U  O  B
P  O  N  O  N  N  Z  C  N  E  K  E  N  O  X
R  K  T  W  X  R  D  D  G  S  É  S  G  K  K
É  T  A  A  W  Q  P  I  P  E  T  P  L  U  C
C  Y  M  D  N  F  R  Z  G  R  U  E  E  A  R
I  N  I  T  E  I  O  I  A  È  A  C  G  M  E
E  T  L  A  S  J  Q  U  O  F  N  T  A  P  F
U  V  C  M  L  J  W  U  B  I  U  E  U  H  U
X  G  G  P  O  P  Z  R  E  M  M  R  N  I  G
B  E  I  V  R  U  S  C  R  M  M  U  M  B  E
E  S  P  È  C  E  S  H  D  A  O  T  L  I  Y
O  I  S  E  A  U  X  S  P  M  C  A  L  E  I
I  N  S  E  C  T  E  S  E  Q  B  N  G  N  K
R  E  S  T  A  U  R  A  T  I  O  N  Y  S  D
```

AMPHIBIENS	NATURE
BOTANIQUE	NUAGE
CLIMAT	OISEAUX
COMMUNAUTÉ	PRÉSERVATION
DIVERSITÉ	REFUGE
ESPÈCE	RESPECT
INDIGÈNE	RESTAURATION
INSECTES	JUNGLE
MAMMIFÈRES	SURVIE
MOUSSE	PRÉCIEUX

57 - Cidade

```
F G K M O L X N É U U P S P E
L R Z A H H L V C B R D V U I
E E Z R I Ô J N O L A S N N R
U S Y C S B T P L Z O O H R E
R T S H T I R E E I R E L A G
I A U É A B O R L R F É O M N
S U P T D L P T B E H S F É A
T R E I E I O Â Y I E U X N L
E A R S U O R É E R M M F I U
H N M R Q T É H J I C I O C O
M T A E N H A T R A L R N B B
U T R V A È P H A R M A C I E
U V C I B Q H X H B G R R H X
M V H N U U A N P I F N L Q R
C X É U V E K M E L X K W V J
```

AÉROPORT
BANQUE
BIBLIOTHÈQUE
CINÉMA
ÉCOLE
STADE
PHARMACIE
FLEURISTE
GALERIE
HÔTEL

ZOO
LIBRAIRIE
MARCHÉ
MUSÉE
BOULANGERIE
RESTAURANT
SALON
SUPERMARCHÉ
THÉÂTRE
UNIVERSITÉ

58 - Música

```
H  C  H  A  G  M  Y  C  B  P  I  I  R  L  C
Q  A  H  O  T  X  P  T  A  O  N  M  Y  L  L
E  R  R  A  Z  C  Z  G  L  É  S  P  T  T  A
X  É  O  M  N  H  N  Y  L  T  T  R  H  M  S
V  P  D  K  O  T  F  T  A  I  R  O  M  E  S
Z  O  U  Y  X  N  E  V  D  Q  U  V  I  M  I
A  L  B  U  M  A  I  R  E  U  M  I  Q  U  Q
M  É  L  O  D  I  E  E  M  E  E  S  U  S  U
C  H  A  N  T  E  U  R  C  D  N  E  E  I  E
M  H  J  W  Q  H  M  I  N  H  T  R  L  C  U
M  D  N  R  G  S  R  L  J  E  Œ  F  J  I  X
E  U  Q  I  R  Y  L  A  C  I  S  U  M  E  S
W  B  N  K  M  U  X  C  C  K  Q  D  R  N  H
R  Y  T  H  M  E  N  O  H  P  O  R  C  I  M
T  E  M  P  O  V  F  V  J  B  W  T  O  R  Z
```

ALBUM	MÉLODIE
BALLADE	MICROPHONE
CHANTER	MUSICAL
CHANTEUR	MUSICIEN
CLASSIQUE	OPÉRA
CHŒUR	POÉTIQUE
HARMONIE	RYTHME
IMPROVISER	RYTHMIQUE
INSTRUMENT	TEMPO
LYRIQUE	VOCAL

59 - Matemática

```
F N U W E H C F E T D P D V I
É U S S L V N K X R É O I O W
O Q A N G L E S P I C L A L Z
X U U G N P M E O A I Y M U R
E J F A A U M R S N M G È M S
V U D G T N O B A G A O T E Y
W X E D C I S M N L L N R W M
P G J C E H O O T E V E E F É
E C N E R É F N O C R I C R T
G É O M É T R I E V N O Y A R
U A R I T H M É T I Q U E C I
P A R A L L È L E N A E I T E
N I G G J U T H S I I Q F I W
V C A R R É C D S Z S J A O P
P É R I M È T R E S F N Q N O
```

ARITHMÉTIQUE
ANGLES
CIRCONFÉRENCE
DÉCIMAL
DIAMÈTRE
ÉQUATION
EXPOSANT
FRACTION
GÉOMÉTRIE
NOMBRES

PARALLÈLE
PÉRIMÈTRE
POLYGONE
CARRÉ
RAYON
RECTANGLE
SYMÉTRIE
SOMME
TRIANGLE
VOLUME

60 - Saúde e Bem Estar #1

```
X  H  N  K  H  O  R  M  O  N  E  K  T  P  N
R  C  E  Z  I  L  G  B  K  F  H  I  T  V  H
L  F  R  U  F  L  V  A  B  H  P  P  N  F  T
W  A  F  V  F  G  J  C  R  É  F  L  E  X  E
R  P  S  Q  K  A  W  T  H  M  T  P  M  F  R
H  A  U  T  E  U  R  É  F  É  H  H  E  R  E
H  C  P  V  O  G  M  R  A  D  É  A  T  A  L
H  E  L  E  H  S  N  I  I  I  R  R  I  C  A
M  A  F  I  A  P  G  E  M  C  A  M  A  T  X
É  Z  B  F  N  U  A  S  O  A  P  A  R  U  A
D  Z  O  I  U  I  A  X  V  M  I  C  T  R  T
E  J  C  T  T  L  Q  C  N  E  E  I  B  E  I
C  O  O  C  Q  U  U  U  W  N  F  E  Y  R  O
I  G  A  A  R  O  D  A  E  T  C  R  W  L  N
N  V  I  R  U  S  T  E  P  O  S  T  U  R  E
```

HAUTEUR	MÉDICAMENT
ACTIF	NERFS
BACTÉRIES	OS
CLINIQUE	PEAU
MÉDECIN	POSTURE
PHARMACIE	RÉFLEXE
FAIM	RELAXATION
FRACTURE	THÉRAPIE
HABITUDE	TRAITEMENT
HORMONE	VIRUS

61 - Natureza

```
A R C T I Q U E Y F H T W D X
F E U I L L A G E O S R L Y S
B Q L D J H P H L R E O D N A
I E T V I L W X J Ê R P W A N
W N K D É S E R T T E I G M C
B R O U I L L A R D I C O I T
A N I M A U X O S E N A B Q U
V P T P T B F R H Q A L E U A
I T A U F L F L T U B U A E I
T N O I S O R É E N R Z U G R
A M C O S O Y Q T U I S T A E
L M L R E I C A L G V P É U X
D G N V C M B F X R T E X N M
S A U V A G E L Q M I B Y D B
H F D P Q C T S E L L I E B A
```

ABEILLES
ABRI
ANIMAUX
ARCTIQUE
BEAUTÉ
DÉSERT
DYNAMIQUE
ÉROSION
FORÊT
FEUILLAGE

GLACIER
BROUILLARD
NUAGE
PAISIBLE
FLEUVE
SANCTUAIRE
SAUVAGE
SEREIN
TROPICAL
VITAL

62 - Doença

```
C D C E R I A N O M L U P N P
O N Œ R L X U E I G A T N O C
I S U I S O D U L T Y K F I C
S P R A E M O R D N Y S A T H
J R E B I R D O U S B L I A R
J O I M G I I P K H U Q B M O
S C P O R T E A A I P I L M N
Z K A L E U Z T T M E T E A I
W I R K L X U H Y I J R Z L Q
O L É F L A N I M O D B A F U
O W H C A I F E W H J É R N E
P A T H O G È N E S Z H R I D
R E S P I R A T O I R E C É J
I M M U N I T É T N A S J V H
G É N É T I Q U E Y U F S W Y
```

ABDOMINAL
ALLERGIES
CONTAGIEUX
CŒUR
CORPS
CHRONIQUE
FAIBLE
GÉNÉTIQUE
HÉRÉDITAIRE
IMMUNITÉ

INFLAMMATION
LOMBAIRE
NEUROPATHIE
OS
PATHOGÈNES
PULMONAIRE
RESPIRATOIRE
SANTÉ
SYNDROME
THÉRAPIE

63 - Aquecimento Global

```
V D L T H L S I M U P G S K H
A É É Y E A N N A E O O K R A
G V G B D N O D I A P U R N B
T E I B X O I U N T U V R A I
A L S C A I T S T T L E H A T
M O L E M T A T E E A R H P A
I P A I É A R R N N T N I C T
L P T G X N É I A T I E G H S
C E I R A R N E N I O M W A F
R M O E E E É O T O N E N X Z
I E N N O T G L D N S N W X I
S N P É A N J E U Q I T C R A
E T E U Q I F I T N E I C S Q
C O N S É Q U E N C E S I T B
B O Y W K T F U T U R T W U H
```

MAINTENANT
ATTENTION
ARCTIQUE
SCIENTIFIQUE
CLIMAT
CONSÉQUENCES
CRISE
DONNÉES
DÉVELOPPEMENT
ÉNERGIE

FUTUR
GAZ
GÉNÉRATIONS
GOUVERNEMENT
HABITATS
INDUSTRIE
INTERNATIONAL
LÉGISLATION
POPULATIONS

64 - Aviões

```
C  W  S  J  T  E  R  U  T  N  E  V  A  D  Y
D  E  S  C  E  N  T  E  L  A  Z  N  T  I  G
P  F  T  E  C  N  E  L  U  B  R  U  T  R  L
P  A  H  C  É  Q  U  I  P  A  G  E  E  E  Q
I  H  S  Y  A  C  Y  V  Q  N  J  T  R  C  P
M  L  I  S  D  R  U  E  T  U  A  H  R  T  S
S  R  E  S  A  R  B  G  W  T  U  C  I  I  H
A  I  R  I  P  G  O  U  K  C  I  L  S  O  I
F  B  N  Q  O  Y  E  G  R  K  C  Z  S  N  S
E  T  O  L  I  P  N  R  È  A  N  E  A  M  T
K  A  L  T  I  T  U  D  E  N  N  N  G  O  O
R  E  L  F  N  O  G  V  D  L  E  T  E  T  I
A  U  A  A  T  M  O  S  P  H  È  R  E  E  R
G  E  B  N  X  W  D  P  C  I  E  L  J  U  E
C  O  N  S  T  R  U  C  T  I  O  N  E  R  P
```

ALTITUDE	DESCENTE
HAUTEUR	DIRECTION
AIR	HYDROGÈNE
ATTERRISSAGE	HISTOIRE
ATMOSPHÈRE	GONFLER
AVENTURE	MOTEUR
BALLON	PASSAGER
CIEL	PILOTE
CARBURANT	ÉQUIPAGE
CONSTRUCTION	TURBULENCE

65 - Tipos de Cabelo

```
B B N R M I Z B N V F O O D W
L O N S I O R S L O V A N X U
O U J A U R S Z X A L L D Y H
N C I I O P K W V É N X U O D
D L T N A L L I R B P C L N T
N E F V E L E H I Q K A É M R
I S B Y N J J T O Z T X I Y E
A N O O V T Z F N M N D A S S
O O M I N C E G R I S U R X S
F R I S É Y T R E S S É G T E
A R M S R X S L V L M W E I S
C A A B O M K E U V O H N W D
N M J L L Y B K A W K N T U U
O E L H O K G D H G H I G X X
B Z T C C F S O C T T S E C L
```

BLANC	LONG
BRILLANT	MARRON
BOUCLES	ONDULÉ
CHAUVE	ARGENT
GRIS	NOIR
COLORÉ	SAIN
FRISÉ	SEC
MINCE	DOUX
ÉPAIS	TRESSÉ
BLOND	TRESSES

66 - Criatividade

```
C O M P É T E N C E V S D I F
E X P R E S S I O N I B D A L
H Q G X G M M H S O S X I Y U
U Q V C A E M M T I I S Y K I
I A X J M Q L D Q T O M B V D
É M U E I P H G Q A N O U R I
P M A M A T N G G S S E W C T
C J O G Q É T I S N E T N I É
V L É T I C I T N E H T U A B
L Y A I I N O I S S E R P M I
U G B R A O A S P O N T A N É
K Z A V T A N T N Q V J G K K
C E Y A T É R S I S H L Q S V
I N V E N T I F M O L I I Q X
S E N T I M E N T S N R X D R
```

AUTHENTICITÉ
CLARTÉ
ÉMOTIONS
SPONTANÉ
EXPRESSION
FLUIDITÉ
COMPÉTENCE
IMAGE

IMAGINATION
IMPRESSION
INTENSITÉ
INVENTIF
SENSATION
SENTIMENTS
VISIONS

67 - Dias e Meses

```
Q D A F H T R E H C N A M I D
U F O N A S N I M A M A R D I
L L Û O V X A T E L L I U J P
A U T D R S M Q R E I R V É F
J B N Y I O Y T P N J D I B S
E N U D L L T X M D E É N N A
R E R F I X M P M R U C V S J
B W Y G D J U I N I D E S E A
M N U E E B L U B E I M N M N
E O K W R R Z M A R D B B A V
V V I Q D Q B M H T E R P I I
O A D S N G X O A L M E O N E
N G V O E A N T T N A S W E R
X V M O V Y B E B C S S V K B
S E P T E M B R E N O M V O K
```

AVRIL	MOIS
AOÛT	NOVEMBRE
ANNÉE	OCTOBRE
CALENDRIER	JEUDI
DÉCEMBRE	SAMEDI
DIMANCHE	LUNDI
FÉVRIER	SEMAINE
JANVIER	SEPTEMBRE
JUILLET	VENDREDI
JUIN	MARDI

68 - Saúde e Bem Estar #2

```
E  U  Q  I  T  É  N  É  G  G  A  Y  P  É  A
I  I  I  E  I  R  O  L  A  C  K  A  P  N  P
G  M  C  Y  G  G  I  Z  H  S  A  N  G  E  P
R  E  N  I  M  A  T  I  V  Z  W  P  H  R  É
E  É  N  R  Y  A  S  Z  U  T  V  L  Y  G  T
L  P  C  I  N  F  E  C  T  I  O  N  G  I  I
L  D  J  U  M  E  G  I  X  J  M  I  I  E  T
A  A  F  K  P  B  I  L  D  B  Q  A  È  I  H
Y  X  G  T  H  É  D  E  A  A  K  S  N  M  Ô
H  U  M  E  U  R  R  G  E  Z  L  W  E  O  P
D  G  N  H  W  Q  P  A  D  Q  H  A  R  T  I
I  X  Y  U  J  M  O  S  T  I  Z  K  M  A  T
È  D  B  N  K  C  I  S  Z  I  Z  B  V  N  A
T  C  O  R  P  S  D  A  C  A  O  J  L  A  L
E  B  K  H  P  J  S  M  Q  Z  P  N  O  O  X
```

ALLERGIE	HYGIÈNE
ANATOMIE	HÔPITAL
APPÉTIT	HUMEUR
CALORIE	INFECTION
CORPS	MASSAGE
DIÈTE	POIDS
DIGESTION	RÉCUPÉRATION
MALADIE	SANG
ÉNERGIE	SAIN
GÉNÉTIQUE	VITAMINE

69 - Geografia

```
J  N  L  E  R  È  H  P  S  I  M  É  H  I  M
M  O  X  D  H  E  W  W  K  E  O  Z  D  J  L
Q  R  J  U  G  L  M  R  E  O  N  P  N  Z  F
Q  D  Q  T  T  Î  T  Y  X  E  T  R  A  C  Z
S  E  D  I  R  W  U  H  X  B  A  A  C  Y  T
Y  U  L  T  M  É  E  X  Q  W  G  R  B  M  S
X  I  O  A  L  R  G  K  L  N  N  G  C  O  E
M  B  X  L  V  R  N  I  W  D  E  M  I  N  U
M  É  R  I  D  I  E  N  O  C  M  F  A  D  O
C  O  N  T  I  N  E  N  T  N  B  L  C  E  F
P  T  P  V  L  T  F  V  L  A  X  E  B  C  L
A  T  L  A  S  Z  V  I  L  É  D  U  S  Y  M
F  D  H  L  Z  X  H  L  X  C  C  V  X  Q  Z
Z  B  W  I  S  U  B  L  R  O  I  E  Y  T  E
O  W  Q  L  G  H  R  E  D  U  T  I  T  L  A
```

ALTITUDE   MONTAGNE
ATLAS   MONDE
VILLE   NORD
CONTINENT   OCÉAN
HÉMISPHÈRE   OUEST
ÎLE   PAYS
LATITUDE   RÉGION
CARTE   FLEUVE
MER   SUD
MÉRIDIEN

70 - Antártica

```
M  P  C  G  T  E  M  P  É  R  A  T  U  R  E
X  I  G  O  L  V  D  U  L  C  O  I  R  X  O
C  E  G  G  N  A  P  P  H  V  Q  B  O  J  M
O  U  J  R  N  T  C  J  K  S  P  V  C  K  G
F  Q  J  U  A  E  I  I  U  R  T  V  H  E  É
Z  I  X  N  I  T  N  N  E  I  A  B  E  T  O
B  F  Z  O  D  D  I  R  E  R  A  E  U  K  G
Z  I  Q  I  V  S  A  O  K  N  S  Z  X  M  R
S  T  Y  T  A  K  O  J  N  J  T  H  J  I  A
E  N  V  I  R  O  N  N  E  M  E  N  T  N  P
L  E  V  D  C  R  I  Q  U  E  K  P  S  É  H
Î  I  B  É  C  H  E  R  C  H  E  U  R  R  I
V  C  M  P  P  I  N  G  O  U  I  N  S  A  E
K  S  W  X  P  É  N  I  N  S  U  L  E  U  R
S  W  D  E  C  A  L  G  Y  W  L  T  T  X  A
```

ENVIRONNEMENT	GÉOGRAPHIE
EAU	ÎLES
BAIE	CHERCHEUR
SCIENTIFIQUE	MIGRATION
CONTINENT	MINÉRAUX
CRIQUE	PÉNINSULE
EXPÉDITION	PINGOUINS
GLACIERS	ROCHEUX
GLACE	TEMPÉRATURE

71 - Flores

```
P  Z  V  J  O  N  Q  U  I  L  L  E  I  S  J
I  M  A  R  G  U  E  R  I  T  E  S  U  U  T
V  X  E  M  G  F  E  Y  B  S  O  O  L  Z  R
O  O  Z  Q  H  E  É  D  I  H  C  R  O  O  È
I  J  Z  G  A  R  L  A  V  W  A  O  I  P  F
N  P  G  A  B  L  O  S  E  N  R  U  O  T  L
E  É  S  C  S  G  Y  F  P  T  T  B  G  O  E
O  T  Y  D  S  U  C  S  I  B  I  H  W  V  T
K  A  I  R  A  D  R  N  S  D  C  U  K  A  U
Z  L  M  C  L  F  S  F  S  W  H  V  L  P  L
U  E  U  H  I  A  I  R  E  M  U  L  P  G  I
O  S  V  J  L  X  L  W  N  I  M  S  A  J  P
G  A  R  D  É  N  I  A  L  M  S  V  P  U  E
L  A  V  A  N  D  E  A  I  L  O  N  G  A  M
R  V  X  R  S  Q  V  F  T  E  U  Q  U  O  B
```

BOUQUET	MARGUERITE
PISSENLIT	JONQUILLE
GARDÉNIA	ORCHIDÉE
TOURNESOL	PAVOT
HIBISCUS	PIVOINE
JASMIN	PÉTALE
LAVANDE	PLUMERIA
LILAS	ROSE
LYS	TRÈFLE
MAGNOLIA	TULIPE

72 - Fazenda #1

```
Z C U W A A F U L Y K A H C I
D M O Q S C Y L F J V J M M H
O Y W R Z O E P A G Y D V E I
P N N O B D H J M E N Â E N K
C H I E N E C H T A H C A G Y
F O I N Z B A U F U H N U R C
U H Q I I P V U L A M C T A O
R C T W V O J I M E Y U D I C
H L A V E H C G S P T R W S H
A Ô E L L I E B A U Q G P N O
T T O I L B Z L B O X D I F N
R U E M M U I H T R E R J V S
A R C H È V R E R T Y C V G O
C E R U T L U C I R G A M V Y
P O U L E T J V W Q R Z E R R
```

ABEILLE   CLÔTURE
AGRICULTURE   CORBEAU
RIZ   FOIN
EAU   ENGRAIS
VEAU   POULET
ÂNE   CHAT
CHÈVRE   MIEL
CHAMP   COCHON
CHEVAL   TROUPEAU
CHIEN   VACHE

73 - Livros

```
P S L I T T É R A I R E P N E
W A É H I S T O I R E K E A E
M K G R I N V E N T I F R R T
B Q W E I M B X E O D A T R É
U M N C U E A U T E U R I A C
P O È M E E J O X G L W N T R
P O É S I E V M E Z Y D E E I
L A B I B H É W T M F N N U T
E R V L L L T Z N J E C T R É
C Y E E U Q I R O T S I H A P
T Q J J N S L A C E E J I V I
E U G Z A T A O F W E Z Z R Q
U S H W M I U V Z S B W A H U
R N I Z O Z D R R V Y B V G E
Y G B T R D K T E B J A T Q T
```

AUTEUR
AVENTURE
CONTEXTE
DUALITÉ
ÉCRIT
ÉPIQUE
HISTOIRE
HISTORIQUE
INVENTIF

LECTEUR
LITTÉRAIRE
NARRATEUR
PAGE
POÈME
POÉSIE
PERTINENT
ROMAN
SÉRIE

74 - Chocolate

```
B O X N I Y T P Q U A L I T É
A A W E U Q I T O X E M Ô R A
I N H T Z J U L W U K Q N Z C
N S T D W E X K K F D D X D A
G A Û I L A N A S I T R A É C
R V O T O A C A C R N C E L A
É E G R C X U O D O G A R I H
D U B J E Y Y I G V A R C C U
I R I E W C Y D S A I A U I È
E H G N C R E M A F R M S E T
N W D P Y X B T H N W E I U E
T H O M P D B A T E T L M X S
C A L O R I E S I E X F H Q K
N H O A S N O I X D E C O C O
J F I X K T Y J F J M O I V T
```

SUCRE
AMER
CACAHUÈTES
ANTIOXYDANT
ARÔME
ARTISANAL
CACAO
CALORIES
CARAMEL
NOIX DE COCO

DÉLICIEUX
DOUX
EXOTIQUE
FAVORI
GOÛT
INGRÉDIENT
POUDRE
QUALITÉ
RECETTE
SAVEUR

75 - Governo

```
N N V S P L O A Z Y V L É S P
G R E U O I I O H V V E G Y I
I M Q O L V Y B Z C P A A M K
Y L O I I I Z L E G M D L B C
N O C T T C G X R R I E I O N
H N T C I R T S I D T R T L A
É T A T Q H R P A G P É É E T
H M S R U O C S I D Y Z X O I
S D M N E E Y E C I T S U J O
X P N O I T U T I T S N O C N
W M C A P B T A D P C U J A A
F S E N O I S S U C S I D F L
M O N U M E N T J N A T I O N
C I T O Y E N N E T É K N A J
D É M O C R A T I E L O V B K
```

CITOYENNETÉ	JUSTICE
CIVIL	LOI
CONSTITUTION	LIBERTÉ
DÉMOCRATIE	LEADER
DISCOURS	MONUMENT
DISCUSSION	NATIONAL
DISTRICT	NATION
ÉTAT	POLITIQUE
ÉGALITÉ	SYMBOLE
JUDICIAIRE	

76 - Jardinagem

```
C  É  T  I  D  I  M  U  H  I  F  C  R  B  J
Z  O  A  H  B  B  X  T  J  K  E  O  É  O  H
H  Y  M  C  K  I  A  E  G  O  U  M  C  T  H
S  Z  I  E  L  L  I  U  E  F  I  P  I  A  D
A  O  L  U  S  É  I  Q  D  C  L  O  P  N  T
G  O  C  Q  K  T  Q  U  F  Q  L  S  I  I  U
Z  G  O  I  K  E  I  O  Z  W  A  T  E  Q  K
Z  N  Z  T  C  L  Z  B  P  K  G  F  N  U  K
F  Y  D  O  L  A  R  O  L  F  E  E  T  E  B
C  L  X  X  J  S  S  O  L  E  C  A  Y  P  K
Q  C  E  E  A  S  E  U  R  E  È  U  N  C  K
P  D  F  U  A  Y  U  T  E  M  P  F  V  B  W
H  J  U  U  R  E  G  R  E  V  S  D  P  C  J
S  A  I  S  O  N  N  I  E  R  E  J  E  S  H
G  R  A  I  N  E  S  M  A  R  H  L  G  T  O
```

EAU	FEUILLE
BOTANIQUE	FEUILLAGE
BOUQUET	TUYAU
CLIMAT	VERGER
COMESTIBLE	RÉCIPIENT
COMPOST	SAISONNIER
ESPÈCE	GRAINES
EXOTIQUE	SOL
FLEUR	SALETÉ
FLORAL	HUMIDITÉ

77 - Profissões #2

```
R P G I A D I N V E N T E U R
U E L V O N E I G R U R I H C
E I C E G I T N D X R E O I A
T N W X G C S X T T K X R N S
L T X Q N E I Z I I M O K G T
U R Y H J D G X D J S K N É R
C E C D C É O J E Y Q T J N O
I H G L E M L X V W C P E I N
R O E E H P O S O L I H P E A
G P T R R E I N I D R A J U U
A D O O C F B X Q J T T Y R T
H K L Y L H S R A T P I U D E
G A I Q E U E V I T C E T É D
C N P E T S I U G N I L Z Y P
B E T S I L A N R U O J L B W
```

AGRICULTEUR
ASTRONAUTE
BIOLOGISTE
CHIRURGIEN
DENTISTE
DÉTECTIVE
INGÉNIEUR
PHILOSOPHE

INVENTEUR
CHERCHEUR
JARDINIER
JOURNALISTE
LINGUISTE
MÉDECIN
PILOTE
PEINTRE

78 - Café

```
R R N O Y K F Q A A R D X Q R
A L Z B T Y Z Z B P M G S P T
H A O M M M C W S G K E N E P
U I S P R M T S Z I T Ô R A C
K T E A E Y V H Y N Q M Z U F
S I A U V M P I S Z H L M C P
D L A K Q E G B E L L E U A V
F I J R F R U E O K L B V F U
T Q J P T C W R X I R P D É M
M U O N J U S G Z F S S H I O
A I D O X S T A S S E S J N U
T D S I O R I G I N E I O E D
I E E R T L I F C R È M E N R
N V A R I É T É N V Z E P R E
U X K W P A R Ô M E K T O H X
```

SUCRE
AMER
ARÔME
RÔTI
EAU
BOISSON
CAFÉINE
TASSE
CRÈME
FILTRE

LAIT
LIQUIDE
MATIN
MOUDRE
ORIGINE
PRIX
NOIR
SAVEUR
VARIÉTÉ

79 - Negócios

```
M A S N B P E R È I R R A C G
V A O U X H R G H M B R G S É
E Y R P R O F I T P U É A B R
T Û O C Q Z C W N Ô R D R K A
R Y H X H T J C E T E U J P N
U M H M H A U U G S A C Y A T
E S I V E D N R R U U T E B C
Y J L J U Q E D A G W I C G D
O T Q M Q U V S I M H O N J D
L G P U I M E N I S U N A K R
P T Q H T N R A B O E Y N B R
M H K A U E N T R E P R I S E
E M P L O Y É V E N T E F C Y
U S A X B É C O N O M I E V G
B U D G E T A Q T C O C E K T
```

CARRIÈRE

COÛT

RÉDUCTION

ARGENT

ÉCONOMIE

EMPLOYÉ

EMPLOYEUR

ENTREPRISE

BUREAU

USINE

FINANCE

GÉRANT

IMPÔTS

BOUTIQUE

PROFIT

MARCHANDISE

DEVISE

BUDGET

REVENU

VENTE

80 - Fazenda #2

```
Q Z I K S L L T B M O Z Y V Q
E R R Û M J V U E Q U M K L L
F T R E H C U R R Z I Z Z K P
T K I T G B Y J G L X O K E G
O E G N A R G Q E M A Ï S B K
R F A O D D E D R R S T J X N
G R T T I A L V M B K O P X B
E M I U A G R I C U L T E U R
M S O O I B C U M O Q I F A H
U X N M K L H A E B R U H M V
G G Y I V É C E N T T R E I T
É A D F P R U N I A C F C N R
L A M A A P U G C O R A N A Z
Q D U Z Z N Y A X P K D R U N
Y T T G L Y I R I F S E Z T N
```

AGRICULTEUR
ANIMAUX
GRANGE
ORGE
RUCHE
AGNEAU
FRUIT
IRRIGATION
LAIT
LAMA

MÛR
MAÏS
MOUTON
BERGER
CANARD
VERGER
PRÉ
TRACTEUR
BLÉ
LÉGUME

81 - Jardim

```
T  B  L  H  B  R  A  C  C  H  L  U  D  O  P
R  D  E  V  Q  L  O  R  K  L  W  W  J  J  G
A  K  P  Q  X  M  J  Q  B  O  Ô  K  J  V  H
M  H  M  R  I  N  N  D  C  R  T  T  W  N  S
P  H  U  N  B  G  H  O  X  D  E  B  U  D  X
O  E  H  C  R  O  P  S  S  U  S  B  U  R  W
L  I  E  S  S  A  R  R  E  T  U  R  Q  D  E
I  I  R  T  U  Y  A  U  U  A  O  C  L  L  L
N  W  B  X  L  É  T  A  N  G  L  V  Z  G  L
E  D  E  V  E  R  G  E  R  U  E  L  F  G  E
D  R  H  V  L  J  P  T  W  R  P  V  N  A  P
B  U  I  S  S  O  N  Â  U  N  B  I  Y  R  E
J  A  R  D  I  N  S  R  H  P  A  G  L  A  T
U  P  K  R  G  F  B  K  L  H  N  N  M  G  C
H  S  P  J  P  H  A  M  A  C  C  E  B  E  R
```

RÂTEAU   ÉTANG
BUISSON   HAMAC
ARBRE   TUYAU
BANC   PELLE
CLÔTURE   VERGER
FLEUR   SOL
GARAGE   TERRASSE
HERBE   TRAMPOLINE
PELOUSE   PORCHE
JARDIN   VIGNE

82 - Oceano

```
C A V Z X Q P U T N Y U I D P
X A T I I F B J V E T I E Z O
V G C P D I C U A G M Y F H U
N J P D N C L L G N R P W T L
O H M M A É M B U O R H Ê R P
S E L I A R O C E P N M D T E
S S T B R J X M S É U D A W E
I U O H C R A B E R T Î U H U
O D K A O Z L Z F X P P P U T
P É M U H N I U Q E R G H S R
Q M P A A N G U I L L E I V O
Q G J E R V J X F S T N N G T
Y C O T M É J R Q U H P B R D
J M I A T U E T T E V E R C Q
Y B B B R N C S B A L E I N E
```

THON	MÉDUSE
BALEINE	VAGUES
BATEAU	HUÎTRE
CREVETTE	POISSON
CRABE	POULPE
CORAIL	RÉCIF
ANGUILLE	SEL
ÉPONGE	TORTUE
DAUPHIN	TEMPÊTE
MARÉES	REQUIN

83 - Profissões #1

```
S O Z K W H Y J B C I A Z P K
N C P R A O Z X A H N M X O P
S Q I J V Y U F N A F B B M Y
B R U E T I D É Q S I A F P W
X E A T N E J X U S R S E I Z
E I B S E T O I I E M S H E G
M T Q I I S I Q E U I A P R É
O U L N C I F F R È D A S O
N O E A I T S Y I D R E R J L
O J D I S R M X W Q E U G Q O
R I G P U A J G R N U R O C G
T B N W M M A R I N M E T I U
S V B M K P L O M B I E R P E
A V O C A T I R U E S N A D U
P S Y C H O L O G U E K C S G
```

AVOCAT
ARTISTE
ASTRONOME
BANQUIER
POMPIER
CHASSEUR
CARTOGRAPHE
SCIENTIFIQUE
DANSEUR
ÉDITEUR

AMBASSADEUR
PLOMBIER
INFIRMIÈRE
GÉOLOGUE
BIJOUTIER
MARIN
MUSICIEN
PIANISTE
PSYCHOLOGUE

84 - Força e Gravidade

```
P U N I V E R S E L E S C Z A
D R Q O X M Q Y S P M E T S I
Y N O I S N A P X E R T N E C
N O M P L F E G Q T W R O T V
A I E A R J J K P I H E I È S
M T D B G I A X E B I V S N O
I C N C M N É E J R H U S A I
Q I R M M K I T V O A O E L P
U R F W W I R T É R Z C R P O
E F C Z M K M B U S L É P J I
E U Q I S Y H P Q D G D I D D
D I S T A N C E A I E W E V S
M É C A N I Q U E C S G G R O
P V I T E S S E X U T X Z Q C
G N M A G N É T I S M E P F T
```

FRICTION
CENTRE
DÉCOUVERTE
DYNAMIQUE
DISTANCE
AXE
EXPANSION
PHYSIQUE
IMPACT
MAGNÉTISME

MAGNITUDE
MÉCANIQUE
ORBITE
POIDS
PLANÈTES
PRESSION
PROPRIÉTÉS
VITESSE
TEMPS
UNIVERSEL

85 - Abelhas

```
J  S  M  S  W  N  U  C  Y  Q  F  L  B  G  F
T  A  T  I  B  A  H  I  U  J  Z  W  M  T  U
P  C  R  B  P  M  M  R  U  K  T  A  Z  M  M
X  H  E  D  L  X  S  E  T  C  E  S  N  I  É
Z  L  É  T  I  S  R  E  V  I  D  V  E  A  E
Y  V  F  E  E  N  E  N  R  Y  M  D  L  S  L
C  A  Y  U  L  T  M  I  P  M  L  K  L  S  R
Z  H  A  Q  O  A  È  E  F  B  C  N  O  E  Y
W  S  G  I  S  F  T  R  B  M  R  H  P  P  P
G  U  F  F  L  B  S  T  R  U  B  U  N  K  L
F  L  W  É  E  E  Y  L  Z  V  E  C  C  L  J
H  C  I  N  I  C  S  E  T  N  A  L  P  H  Y
C  O  N  É  M  O  O  F  L  E  U  R  M  B  E
J  A  Y  B  M  G  C  F  L  E  U  R  S  Q  J
F  R  U  I  T  J  É  I  G  P  U  C  R  G  S
```

AILES	FUMÉE
BÉNÉFIQUE	HABITAT
CIRE	INSECTE
RUCHE	JARDIN
DIVERSITÉ	MIEL
ÉCOSYSTÈME	PLANTES
ESSAIM	POLLEN
FLEUR	REINE
FLEURS	SOLEIL
FRUIT	

86 - Ciência

```
O B S E R V A T I O N M P E G
S L P E P Y O I H Q A I A M Q
C A C L Z H I A I A H N R O G
I B H I A D Y F B Y K É T L R
E O I S S N O S Z M T R I É A
N R M S H O T Z I S P A C C V
T A I O U I F E E Q P U U U I
I T Q F P T I M S C U X L L T
F O U J F U V S È E L E E E É
I I E T U L P I H Z H I S S E
Q R S T B O E N T X P K M V R
U E Y A L V V A O V G B O A U
E Q Q F I É R G P A T O M E T
D O N N É E S R Y T L L A X A
M É T H O D E O H T S L Q A N
```

ATOME
SCIENTIFIQUE
CLIMAT
DONNÉES
ÉVOLUTION
FAIT
PHYSIQUE
FOSSILE
GRAVITÉ
HYPOTHÈSE

LABORATOIRE
MÉTHODE
MINÉRAUX
MOLÉCULES
NATURE
OBSERVATION
ORGANISME
PARTICULES
PLANTES
CHIMIQUE

87 - Comida #1

```
C L E S U J T V M A R B I B A
I I A S A L A D E P U O S C R
L A T I L K J D J V J K U A A
I S T R T E V A N O H T E R C
S T I S O É P I N A R D A O H
A E L L E N N A C Z G O K T I
B R C G A K R W K Z P J Z T D
Y C G Â V B O I G N O N F E E
X U L T A I R F R A I S E Y W
U S V E H A J I A X W O B M R
V R F A Z Z L D C S D Q W V Z
J F P U O R G E H O F T U O J
T Z X K K Z Q W X M T K F I K
A P K J X N T Z V S R W T Z T
S Q D W F U U V P W H L H V X
```

SUCRE
AIL
ARACHIDE
THON
GÂTEAU
CANNELLE
OIGNON
CAROTTE
ORGE
ABRICOT

ÉPINARD
LAIT
CITRON
BASILIC
FRAISE
NAVET
SEL
SALADE
SOUPE
JUS

88 - Geometria

```
D C B U H H X Q F Z V C K J S
I W E S S A M C O X K A A R U
A C L J E U Q I G O L L N P R
M H E I R T É M Y S U C G M F
È C O F S E B R U O C U L É A
T E F R C U K G T N Q L E D C
R R S T I R C I G S Y J I I E
E C E H B Z V U P J V V F A L
H L G É U N O I T A U Q É N T
I E M O E L G N A I R T C J D
E L E R L A C I T R E V E M W
S X N I I D Y X X A F N U G D
Q O T E Q Y E L È L L A R A P
D I M E N S I O N W I E Y A U
J F P R O P O R T I O N A V J
```

HAUTEUR

ANGLE

CALCUL

CERCLE

COURBE

DIAMÈTRE

DIMENSION

ÉQUATION

HORIZONTAL

LOGIQUE

MASSE

MÉDIAN

PARALLÈLE

PROPORTION

SEGMENT

SYMÉTRIE

SURFACE

THÉORIE

TRIANGLE

VERTICAL

89 - Pássaros

```
B A X G J W N A L X C G D A P
M E T Z Q H T D L B V F D U I
Q O E I I C O R B E A U G T G
D Y L M M M E A Z S D E M R E
P B U P O B S N A C U O T U O
E I O R É I A A O W H X T C N
R E P D A L N C B R P H T H M
R X A D S P I E P X É F A E F
O Z O E U M Z C A J S H I N L
Q E N G O G I C A U F C G G A
U N V H C N Z S O N V W L Y M
E T T E U O M V Y Y X N E C A
T P E H O T U M A N C H O T N
X N K Z C P J M B D X F F Z T
P X K D F I E C L S E B J G E
```

AUTRUCHE	HÉRON
AIGLE	OEUF
CIGOGNE	PERROQUET
CYGNE	MOINEAU
CORBEAU	CANARD
COUCOU	PAON
FLAMANT	PÉLICAN
POULET	MANCHOT
MOUETTE	PIGEON
OIE	TOUCAN

90 - Literatura

```
P  O  È  M  E  L  Y  T  S  R  I  M  E  X  N
F  O  N  C  O  M  P  A  R  A  I  S  O  N  A
Z  B  O  C  O  N  C  L  U  S  I  O  N  O  R
U  E  I  D  É  G  A  R  T  I  N  S  J  I  R
R  Y  T  H  M  E  T  O  D  C  E  N  A  T  A
U  B  C  X  I  I  S  D  O  A  V  A  B  P  T
E  C  I  X  G  G  I  Y  U  B  D  M  V  I  E
T  Y  F  P  Q  O  W  L  L  C  O  O  Y  R  U
U  I  F  Y  Y  L  U  E  H  A  V  R  A  C  R
A  K  Q  P  L  A  J  Z  U  P  N  H  J  S  R
H  E  W  Z  C  N  D  Z  G  D  E  A  E  E  Q
L  S  M  S  I  A  O  P  I  N  I  O  N  D  N
B  I  O  G  R  A  P  H  I  E  S  Y  H  I  I
V  C  D  I  A  L  O  G  U  E  I  O  C  N  R
M  É  T  A  P  H  O  R  E  T  H  È  M  E  V
```

ANALOGIE	FICTION
ANALYSE	MÉTAPHORE
ANECDOTE	NARRATEUR
AUTEUR	OPINION
BIOGRAPHIE	POÈME
COMPARAISON	RIME
CONCLUSION	RYTHME
DESCRIPTION	ROMAN
DIALOGUE	THÈME
STYLE	TRAGÉDIE

91 - Química

```
E  L  U  C  É  L  O  M  M  I  U  Y  O  H  N
X  E  G  A  L  Y  E  M  R  F  S  W  I  E  U
W  S  S  R  E  E  N  Z  Y  M  E  B  N  R  C
L  S  Z  B  C  R  È  T  F  Q  A  O  A  U  L
O  B  P  O  T  O  G  D  E  E  U  R  V  T  É
R  X  U  N  R  L  O  H  U  S  E  G  Z  A  A
O  W  Y  E  O  H  R  E  V  Q  G  A  H  R  I
A  F  S  G  N  C  D  I  O  M  E  N  U  É  R
G  C  P  Q  È  A  Y  W  R  S  D  I  O  P  E
H  E  I  O  B  N  H  I  H  W  I  Q  Y  M  Z
L  T  V  D  Y  T  E  G  K  I  U  U  Z  E  Z
L  W  K  S  E  L  T  M  A  C  Q  E  U  T  A
É  L  É  M  E  N  T  S  U  Z  I  O  N  X  Z
C  A  T  A  L  Y  S  E  U  R  L  H  Y  C  N
A  L  C  A  L  I  N  C  H  A  L  E  U  R  G
```

ALCALIN	HYDROGÈNE
ACIDE	ION
CHALEUR	LIQUIDE
CARBONE	MOLÉCULE
CATALYSEUR	NUCLÉAIRE
CHLORE	ORGANIQUE
ÉLÉMENTS	OXYGÈNE
ÉLECTRON	POIDS
ENZYME	SEL
GAZ	TEMPÉRATURE

92 - Clima

```
S B R O U I L L A R D J C E S
Q É A T M O S P H È R E L S A
Y Q C H I G A X K K T K I L F
K V K H E R U T A R É P M E T
D V E D E T S I B Q Q N A I N
É Y B N G R Ê C I E L Z T C E
C C G A A V E P G L B T T N V
Q L L G U Z H S M V Q G H E O
D A Z A N W G J S E G L A C E
F C U R I E I W Y E T H A R U
P I H U Q R P C F U B H V A S
I P M O U S S O N B R U X P S
T O N N E R R E K M I L F C J
Y R P O L A I R E M S T K F O
V T T O R N A D E L E T X T O
```

ARC-EN-CIEL
ATMOSPHÈRE
BRISE
CIEL
CLIMAT
OURAGAN
GLACE
MOUSSON
BROUILLARD
NUAGE

POLAIRE
ÉCLAIR
SÉCHERESSE
SEC
TEMPÉRATURE
TEMPÊTE
TORNADE
TROPICAL
TONNERRE
VENT

93 - Arte

```
N  L  M  V  S  C  R  É  E  R  H  D  O  D  H
C  É  R  A  M  I  Q  U  E  B  H  A  A  Q  U
O  R  I  G  I  N  A  L  J  N  Z  N  W  G  M
C  E  O  Y  Q  L  E  N  N  O  S  R  E  P  E
M  B  B  W  L  D  É  P  E  I  N  D  R  E  U
C  O  M  P  L  E  X  E  L  S  O  H  U  L  R
X  V  C  M  E  G  O  C  P  S  I  O  T  O  N
I  N  S  P  I  R  É  I  M  E  T  N  P  B  O
S  T  A  X  I  M  I  P  I  R  I  N  L  M  S
P  E  I  N  T  U  R  E  S  P  S  Ê  U  Y  U
M  V  I  S  U  E  L  I  Z  X  O  T  C  S  J
D  S  J  P  U  M  X  S  N  E  P  E  S  Z  E
F  I  G  U  R  E  B  É  N  D  M  D  C  J  T
P  M  J  T  N  H  W  O  U  M  O  Q  O  R  L
D  A  W  N  X  V  H  P  I  P  C  Z  M  B  N
```

CÉRAMIQUE	ORIGINAL
COMPLEXE	PERSONNEL
COMPOSITION	PEINTURES
CRÉER	POÉSIE
SCULPTURE	DÉPEINDRE
EXPRESSION	SIMPLE
FIGURE	SYMBOLE
HONNÊTE	SUJET
HUMEUR	VISUEL
INSPIRÉ	

94 - Diplomacia

```
C A V C M É W S Q O I Z J D L
O M N O I T A R É P O O C R F
N B O N O U V N T C E Z H D Q
S A I F P A Y O I F U C E N L
E S T L E N J F R Q Q R C O H
I S U I F U C D G D I C I I O
L A L T O M W S É W H I T T V
L D O F Y M E C T X T T S U É
E E S T N O B M N M É O U L M
R Q K F Q C E H I F M Y J O F
X I P O L I T I Q U E E H S W
D I S C U S S I O N N N Y É R
H U M A N I T A I R E S L R L
D I P L O M A T I Q U E X W V
D L A N G U E S T R A I T É X
```

CITOYENS	HUMANITAIRE
COMMUNAUTÉ	INTÉGRITÉ
CONFLIT	JUSTICE
CONSEILLER	LANGUES
COOPÉRATION	POLITIQUE
DIPLOMATIQUE	RÉSOLUTION
DISCUSSION	SÉCURITÉ
AMBASSADE	SOLUTION
ÉTHIQUE	TRAITÉ

95 - Comida # 2

```
P C H N N I X C Y W B X I S K
O D E B I Y Y H G T O M A T E
U D G R S P A A L U I R Y O N
L Q A L I X D M B A R F J P I
E M M X A S Q P R H E M X Q G
T E O Q R H E I Z C S W T L R
J I R W T L C G R I W I K J E
H E F U E O O N P T R M É L B
X N N K L O M O D R I G L W U
Y A O U R T P N L A A P V Y A
I N S B C H O C O L A T O F Q
B A S B M R Z O M E E V U I W
F B I A W A M A N D E M M O P
X Z O F T P J U N W J N N C U
H C P M B R O C O L I G S G L
```

ARTICHAUT	YAOURT
AMANDE	KIWI
RIZ	POMME
BANANE	OEUF
AUBERGINE	POISSON
BROCOLI	JAMBON
CERISE	FROMAGE
CHOCOLAT	TOMATE
CHAMPIGNON	BLÉ
POULET	RAISIN

96 - Universo

```
T U V I C É A C H F W N I C L
É C K X O G Q S X D G K E É A
L U T I S N U U T U T Q I L T
E B O D M B R C A R C N M E I
S N O Z I R O H C T O T O S T
C S E H Q B G F C L E N N T U
O E R C U L D A T U Z U O E D
P D È Z E R I A L O S R R M E
E U H J S D S X E A V W T G E
Q T P E N J S X I B X A S I Y
V I S I B L E V C C K I A Q T
A G I O R B I T E R F K E X L
O N M A T M O S P H È R E W U
R O É C S O L S T I C E B G N
V L H A S T É R O Ï D E F X E
```

ASTÉROÏDE
ASTRONOMIE
ASTRONOME
ATMOSPHÈRE
CÉLESTE
CIEL
COSMIQUE
ÉQUATEUR
GALAXIE
HÉMISPHÈRE

HORIZON
LATITUDE
LONGITUDE
LUNE
ORBITE
SOLAIRE
SOLSTICE
TÉLESCOPE
VISIBLE

97 - Jazz

```
F M T T V C A C G G K P A F I
H U A E I O L N O S N A H C M
K S M C E M B V T N W M H Z P
U I B H U P U O D X C O P E R
Z Q O N X O M K Q F J E E M O
J U U I F S I R O V A F R H V
A E R Q T I Q G F D X U T T I
A C S U P T N E L A T L S Y S
F D C E Q E T S I T R A E R A
E X I E C U L Y E A J H H H T
W N M G N R Y Y T H N Q C L I
A M M F V T T R T Z Q S R H O
N O U V E A U Z F S C C O X N
C É L È B R E C J Z G E N R E
L G O C O M P O S I T I O N M
```

ARTISTE
ALBUM
TAMBOURS
CHANSON
COMPOSITION
COMPOSITEUR
CONCERT
STYLE
ACCENT
CÉLÈBRE

FAVORIS
GENRE
IMPROVISATION
MUSIQUE
NOUVEAU
ORCHESTRE
RYTHME
TALENT
TECHNIQUE
VIEUX

98 - Barcos

```
P  C  N  A  U  T  I  Q  U  E  K  T  F  F  M
F  Q  Ë  O  N  A  C  B  N  É  K  A  M  E  R
E  R  C  N  A  Z  E  Y  I  U  M  T  Y  F  Y
R  M  A  N  É  Z  E  D  R  O  C  Â  U  A  N
R  O  L  Q  C  L  É  T  A  B  B  M  T  W  K
Y  T  D  E  O  G  R  H  M  R  Y  A  C  H  T
M  E  S  E  U  G  A  V  S  W  M  E  I  R  C
K  U  Z  W  Y  W  M  É  Q  U  I  P  A  G  E
S  R  E  N  O  I  R  O  M  J  Z  E  E  W  B
K  J  S  O  X  Y  B  G  O  W  E  Q  N  U  L
F  L  E  U  V  E  M  Q  G  D  O  C  K  A  K
W  F  Z  Q  M  T  P  C  U  E  G  C  E  R  G
P  B  U  X  W  U  J  C  N  F  S  V  T  B  I
R  J  S  N  I  G  H  K  N  C  E  Q  U  H  E
O  P  P  C  U  K  R  B  R  P  S  N  E  B  T
```

ANCRE	MER
FERRY	MARÉE
BOUÉE	MARIN
KAYAK	MÂT
CANOË	MOTEUR
CORDE	NAUTIQUE
DOCK	OCÉAN
YACHT	VAGUES
RADEAU	FLEUVE
LAC	ÉQUIPAGE

99 - Mamíferos

```
D  E  I  A  E  O  G  T  I  L  A  L  F  V  V
U  K  U  R  S  J  I  F  X  Z  Z  O  X  V  Q
A  G  V  E  W  E  R  L  H  L  N  U  K  R  S
E  T  O  Y  O  C  A  A  I  G  I  P  D  I  V
M  C  J  J  F  H  F  V  U  O  H  O  E  T  Z
A  O  A  O  O  I  E  W  N  R  P  U  N  D  A
H  V  U  S  H  E  Y  D  O  I  U  J  I  J  Z
C  C  R  T  T  N  I  P  A  L  A  V  E  H  C
C  H  A  T  O  O  G  R  R  L  D  K  L  O  U
Q  N  X  L  U  N  R  U  A  E  R  U  A  T  T
É  L  É  P  H  A  N  T  I  G  E  R  B  È  Z
R  E  N  A  R  D  A  G  G  N  D  E  C  A  H
K  A  N  G  O  U  R  O  U  I  P  A  L  N  M
I  X  N  M  F  D  X  H  F  S  F  C  P  W  S
R  W  E  L  I  I  N  U  O  X  W  E  D  I  E
```

BALEINE	GIRAFE
CHAMEAU	DAUPHIN
KANGOUROU	GORILLE
CASTOR	LION
CHEVAL	LOUP
CHIEN	SINGE
LAPIN	MOUTON
COYOTE	RENARD
ÉLÉPHANT	TAUREAU
CHAT	ZÈBRE

100 - Atividades e Lazer

```
M F J X J P H K B S X Z V P G
R F W C K Y X N A F R P O A O
E E X O B F R U S N R P L S L
G G L X H I G S K J S Ê L S F
A A B A S I N N E T J C E E L
N Y V A X P C H T V A H Y T D
Q O J B S A X F B W R E B E X
K V Z N H E N M A R D N A M C
B F V Z H C B T L C I D L P X
Q V D W B M O A L T N H L S X
C A M P I N G U L Z A I N A Q
F O O T B A L L R L G G P R F
P E I N T U R E N S E P R T U
R A N D O N N É E N E Y F G J
B E F F U P L O N G É E D X I
```

CAMPING	JARDINAGE
ART	PLONGÉE
BASKET-BALL	NAGER
BASE-BALL	PÊCHE
BOXE	PEINTURE
RANDONNÉE	RELAXANT
COURSE	SURF
FOOTBALL	TENNIS
GOLF	VOYAGE
PASSE-TEMPS	VOLLEY-BALL

1 - Dirigindo

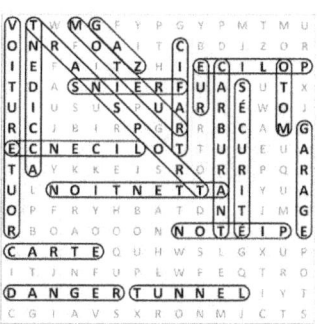

2 - Antiguidades

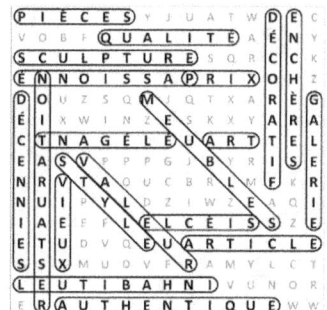

3 - Churrascos

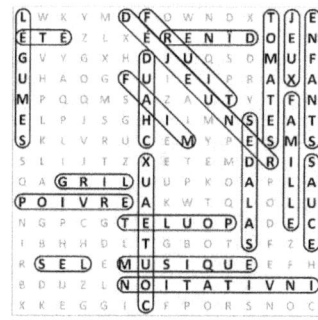

4 - Geologia

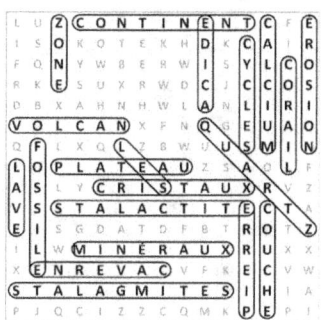

5 - Ética

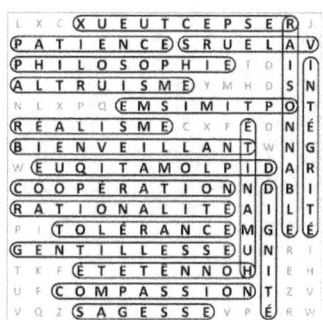

6 - Tempo

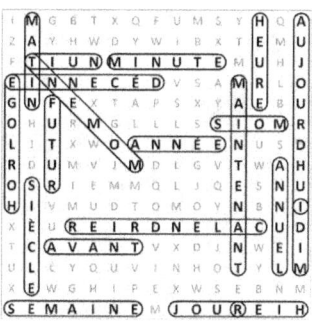

7 - Astronomia

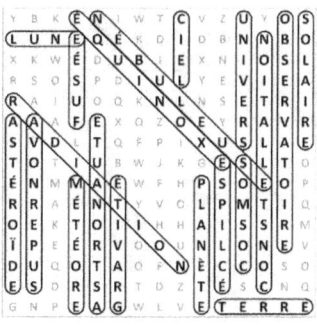

8 - Acampamento

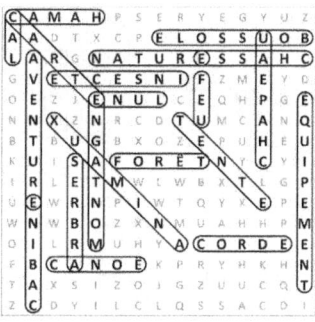

9 - Ficção Científica

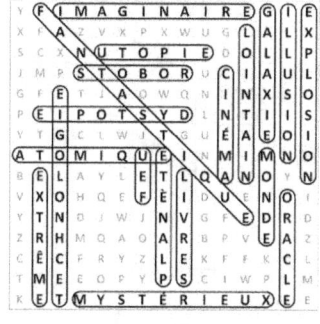

10 - Mitologia

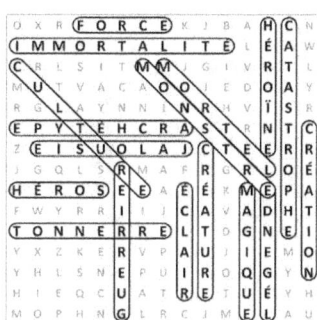

11 - Medições

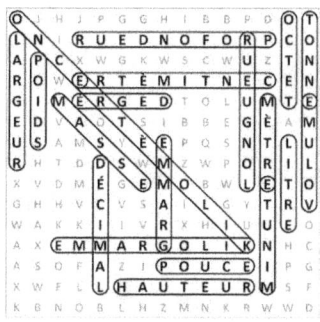

12 - Álgebra

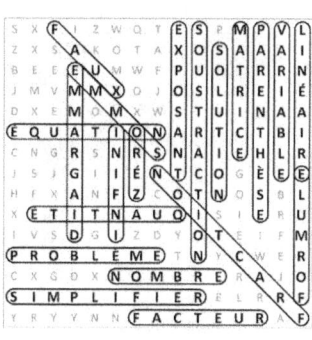

13 - Plantas

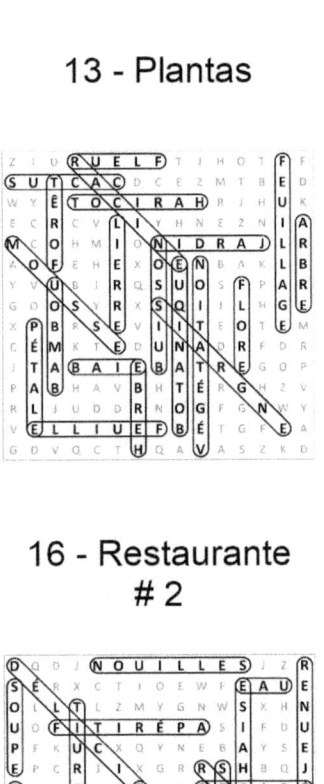

14 - Veículos

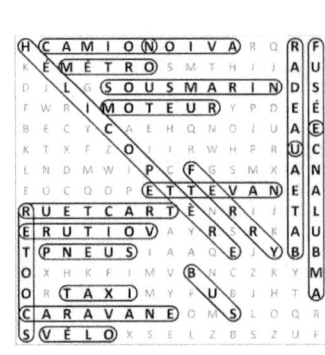

15 - Engenharia

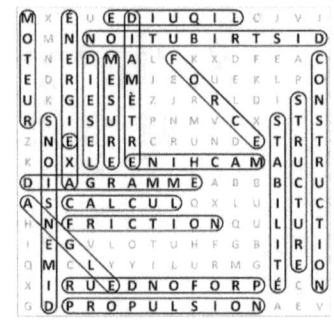

16 - Restaurante # 2

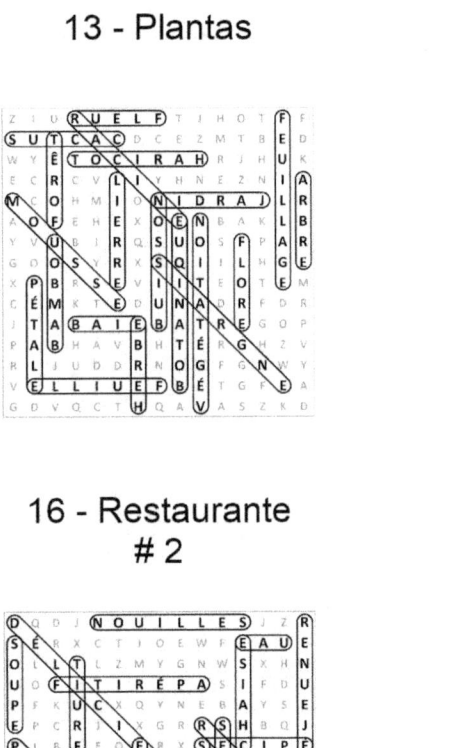

17 - Países #2

18 - Material de Arte

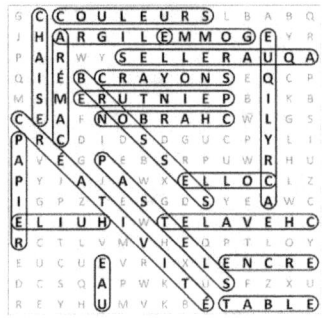

19 - Números

20 - Física

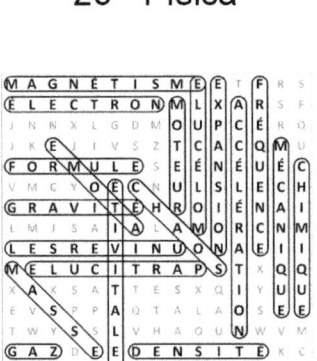

21 - Especiarias

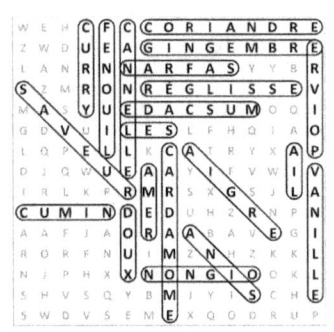

22 - Países #1

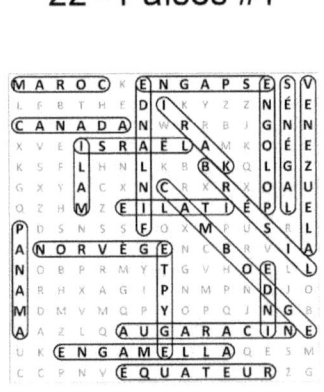

23 - A Mídia

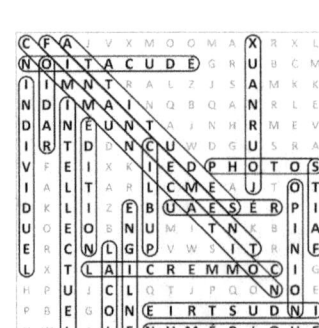

24 - Casa

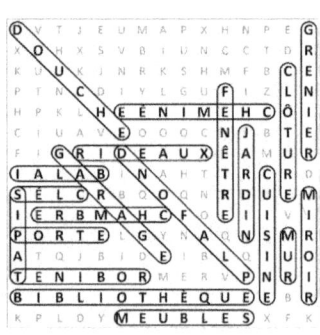

25 - Vegetais

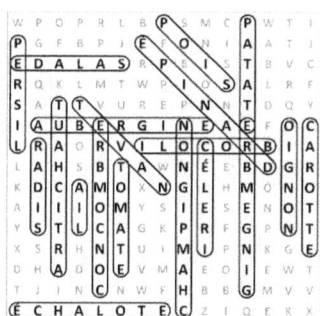

26 - Balé

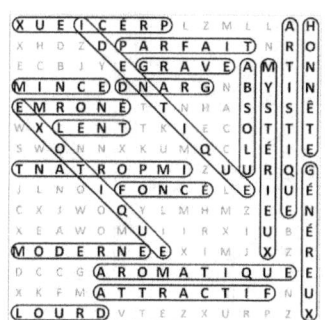

27 - Adjetivos #1

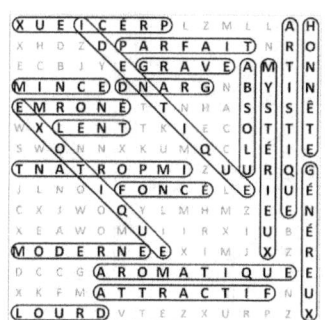

28 - Psicologia

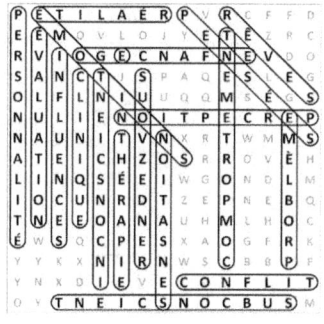

29 - Paisagens

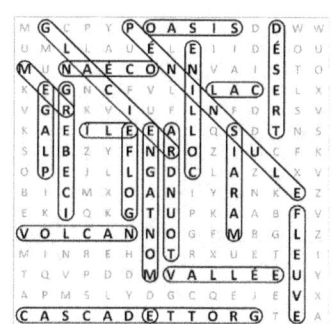

30 - Dança

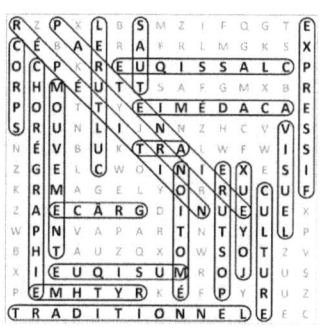

31 - Nutrição

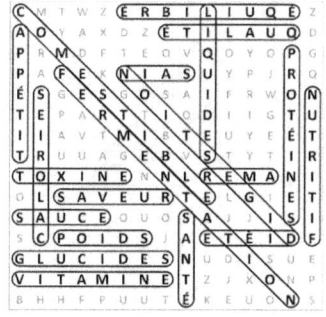

32 - Energia

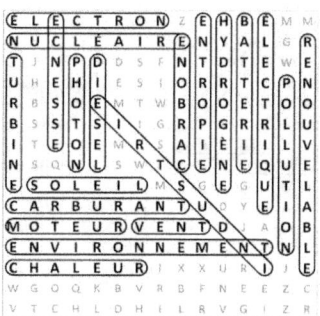

33 - Disciplinas Científicas

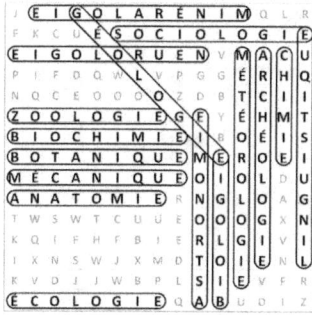

34 - Meditação

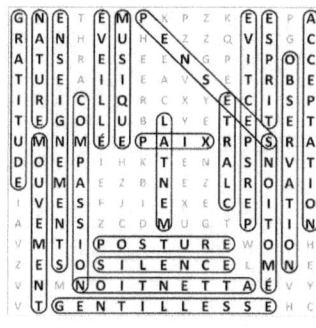

35 - Artes Visuais

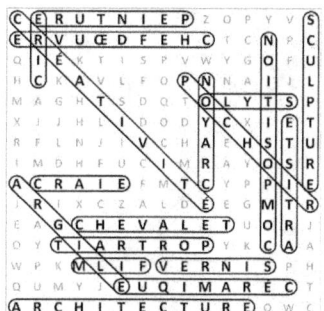

36 - Moda

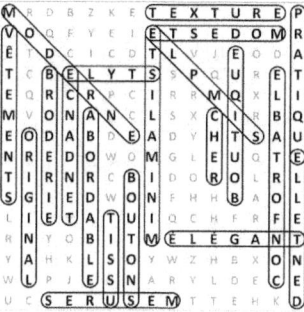

37 - Instrumentos Musicais

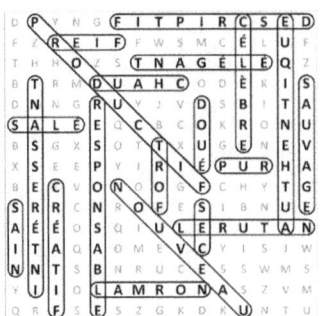

38 - Adjetivos #2

39 - Roupas

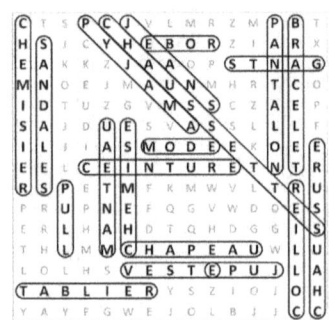

40 - Herbalismo

41 - Arqueologia

42 - Esporte

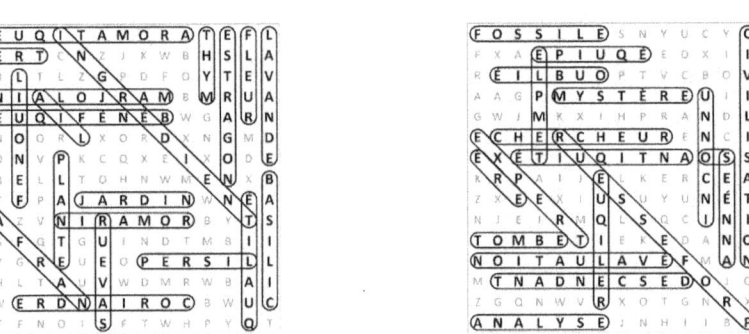
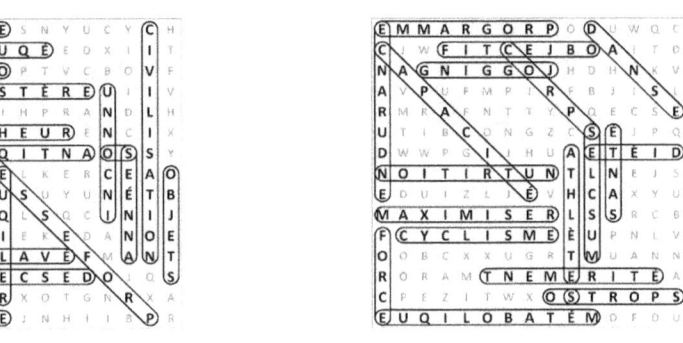

43 - Agronomia

44 - Frutas

45 - Corpo Humano

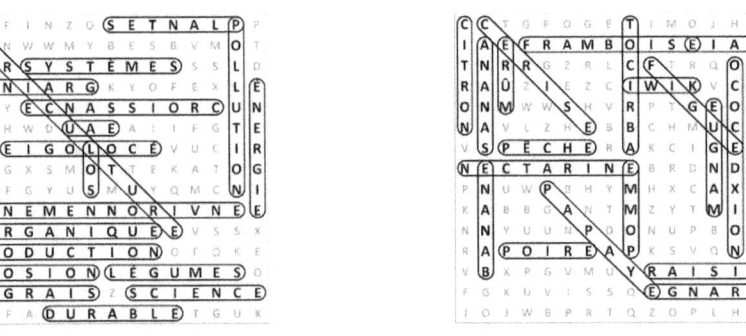
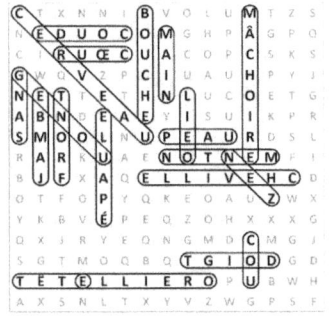

46 - Caminhada

47 - Biologia

48 - Beleza

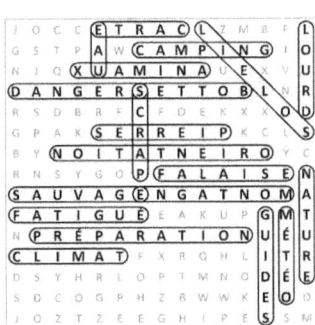
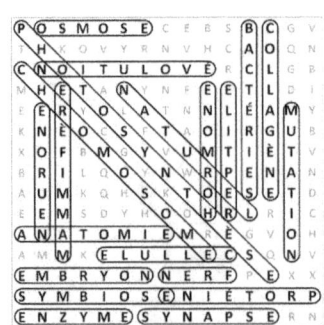
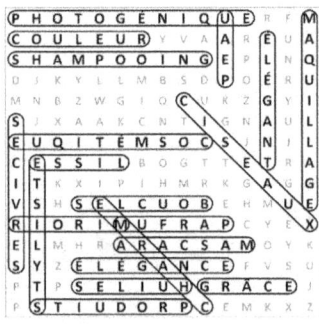

49 - Filantropia

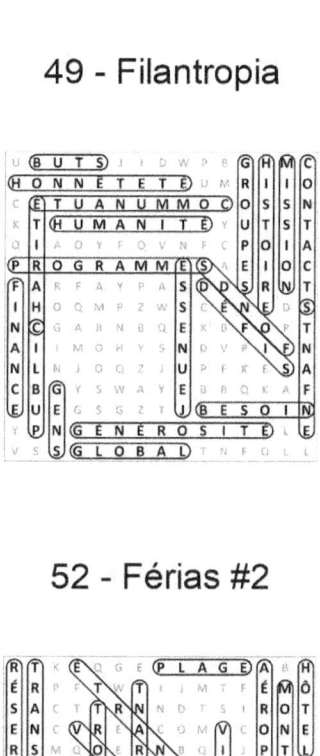

50 - Ecologia

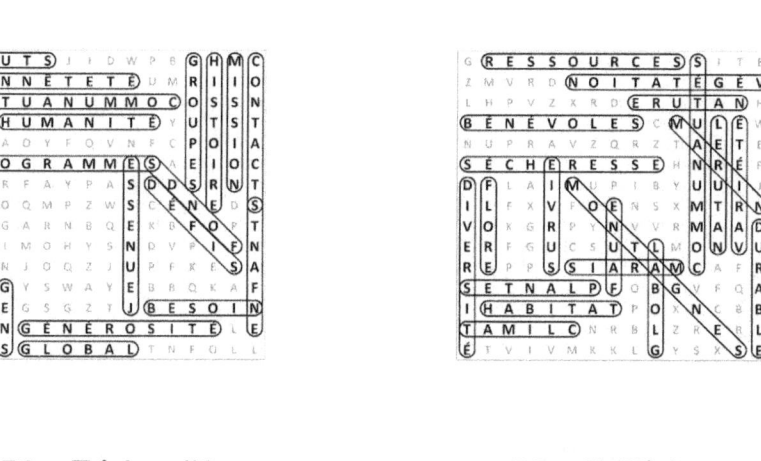

51 - Família

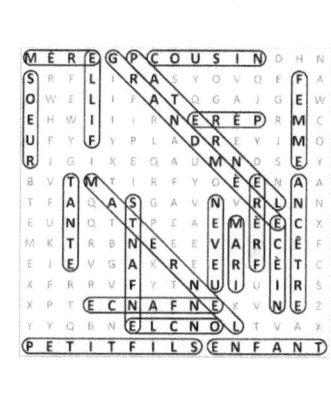

52 - Férias #2

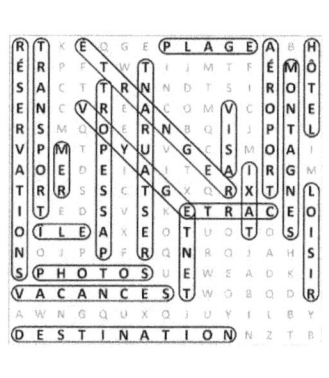

53 - Edifícios

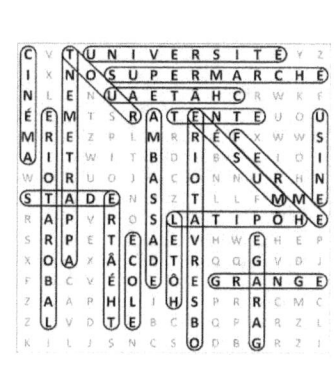

54 - Xadrez

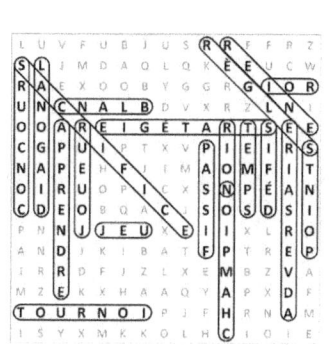

55 - Aventura

56 - Floresta Tropical

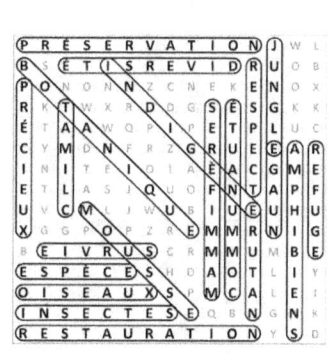

57 - Cidade

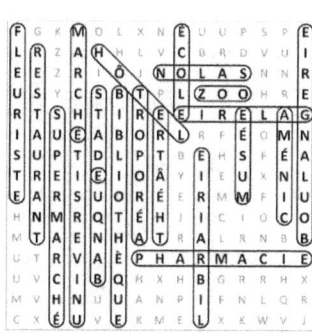

58 - Música

59 - Matemática

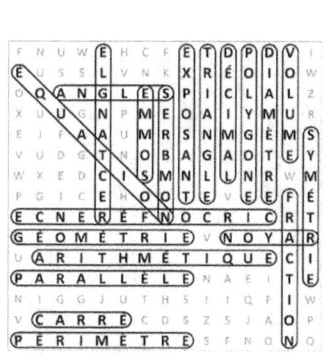

60 - Saúde e Bem Estar #1

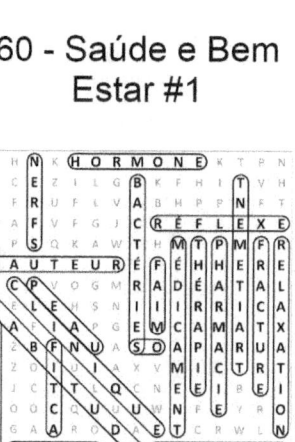

61 - Natureza

62 - Doença

63 - Aquecimento Global

64 - Aviões

65 - Tipos de Cabelo

66 - Criatividade

67 - Dias e Meses

68 - Saúde e Bem Estar #2

69 - Geografia

70 - Antártica

71 - Flores

72 - Fazenda #1

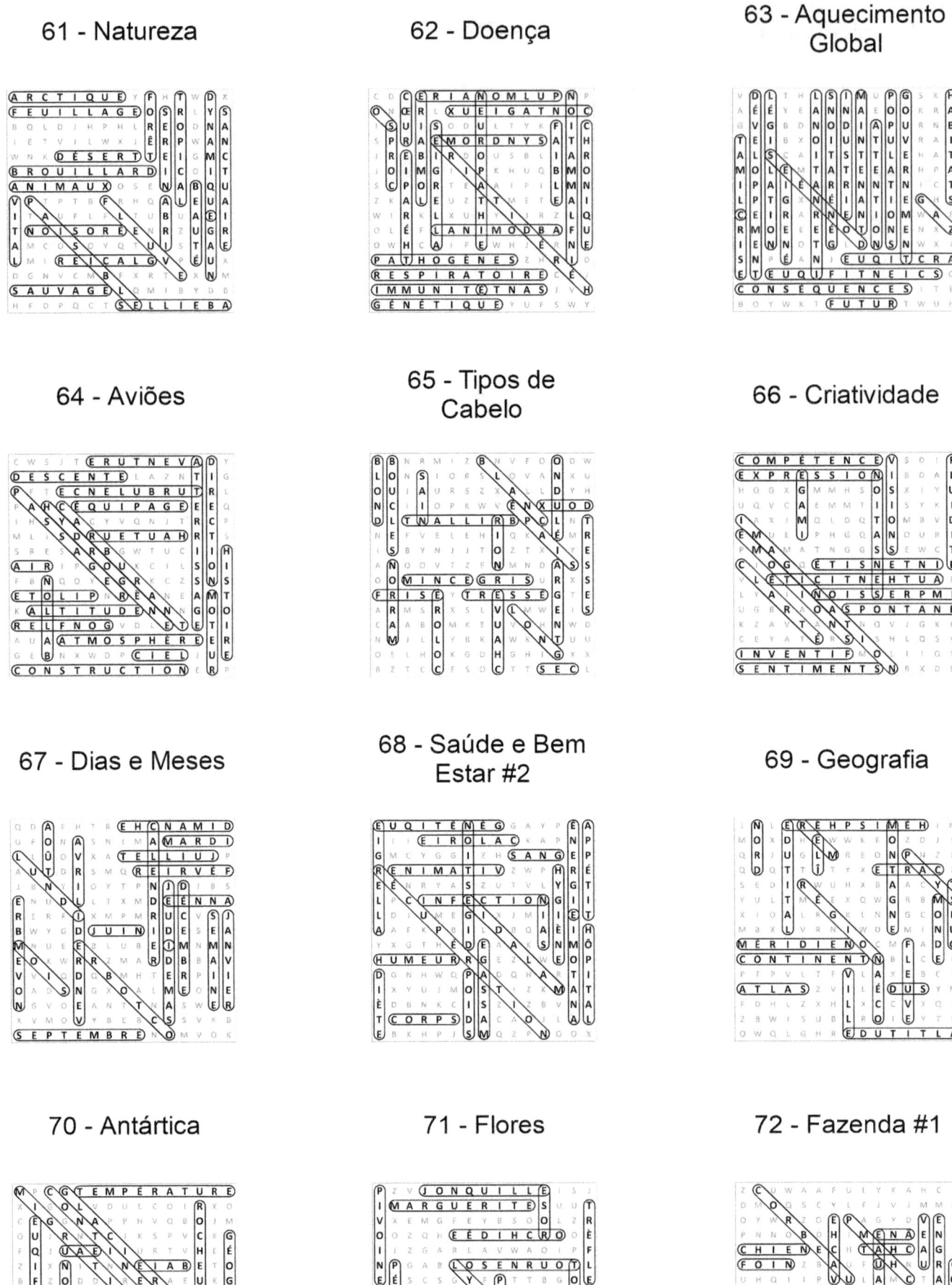

73 - Livros

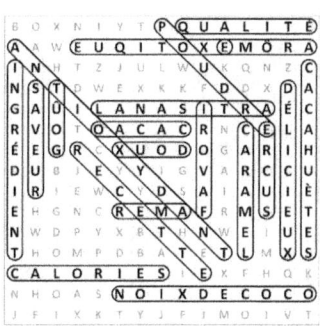

74 - Chocolate

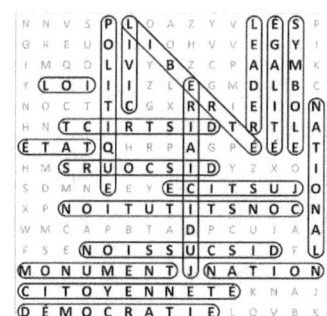

75 - Governo

76 - Jardinagem

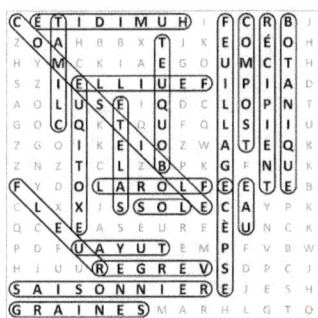

77 - Profissões #2

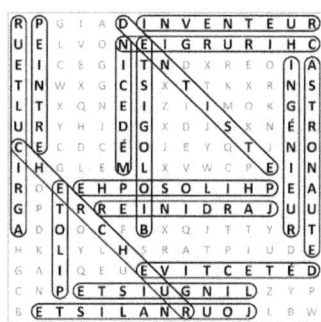

78 - Café

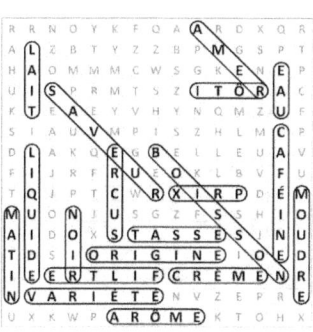

79 - Negócios

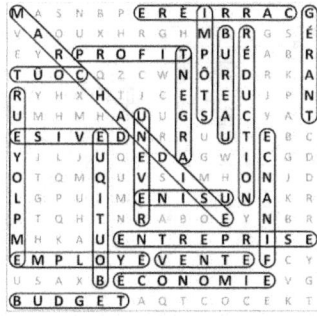

80 - Fazenda #2

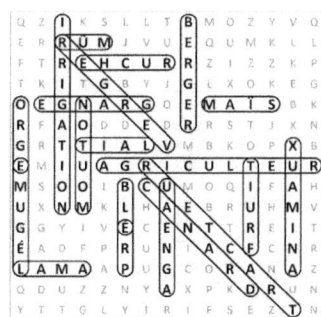

81 - Jardim

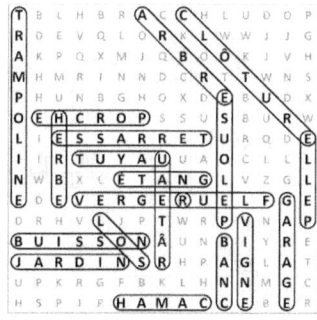

82 - Oceano

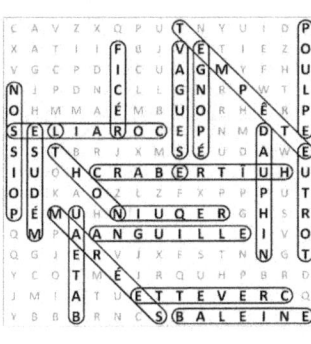

83 - Profissões #1

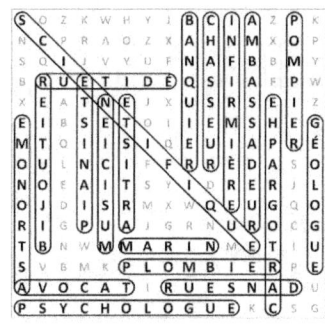

84 - Força e Gravidade

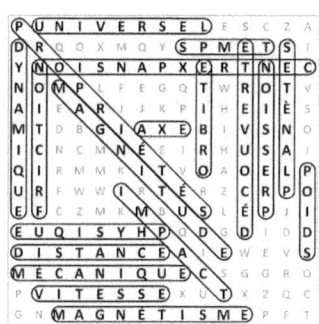

85 - Abelhas

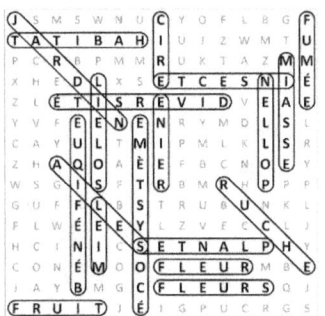

86 - Ciência

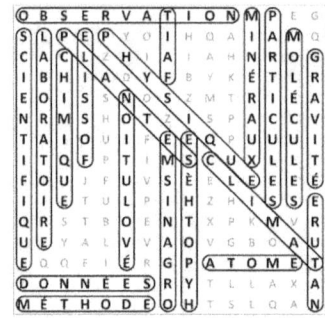

87 - Comida #1

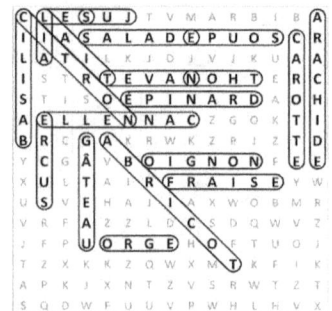

88 - Geometria

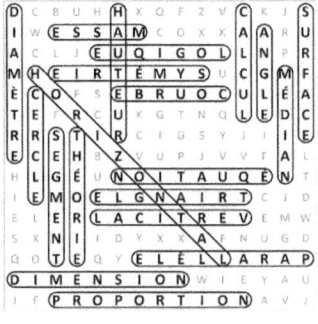

89 - Pássaros

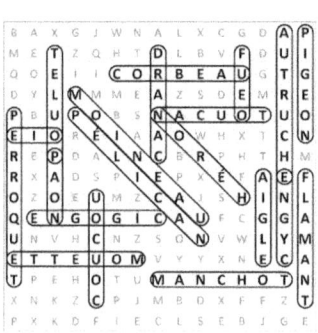

90 - Literatura

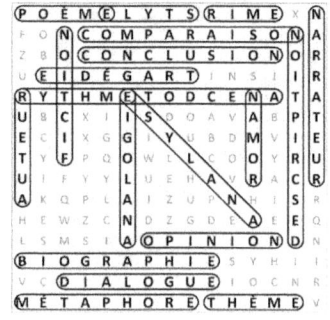

91 - Química

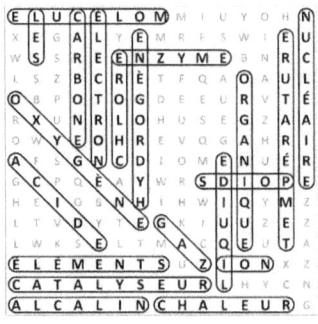

92 - Clima

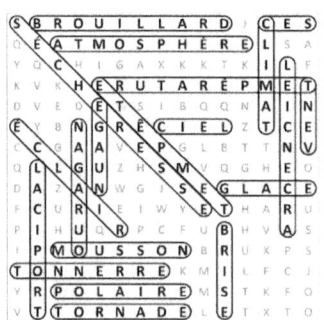

93 - Arte

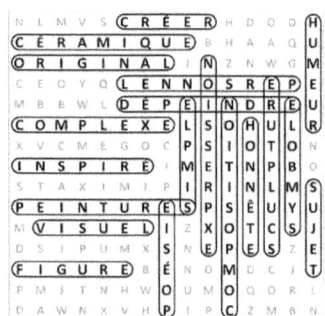

94 - Diplomacia

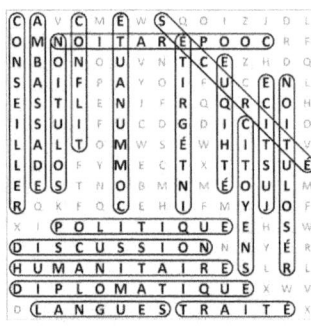

95 - Comida # 2

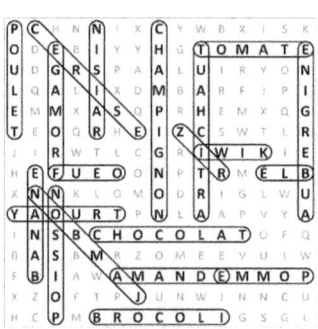

96 - Universo

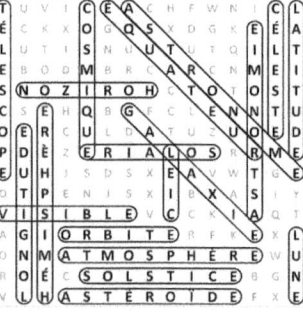

97 - Jazz

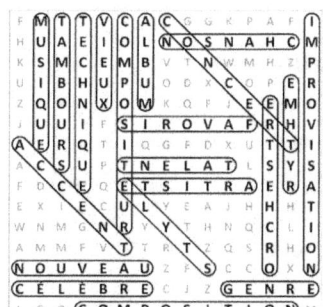

98 - Barcos

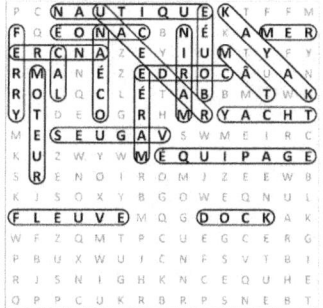

99 - Mamíferos

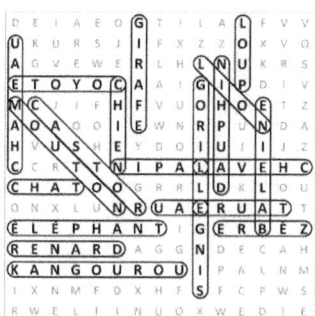

100 - Atividades e Lazer

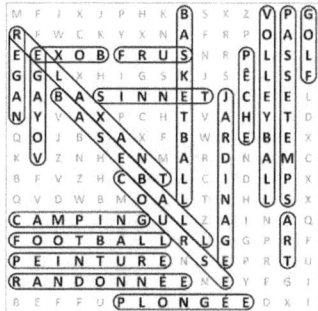

Dicionário

A Mídia
Les Médias

Atitudes	Attitudes
Comercial	Commercial
Comunicação	Communication
Digital	Numérique
Edição	Édition
Educação	Éducation
Fatos	Faits
Financiamento	Financement
Fotos	Photos
Individual	Individuel
Indústria	Industrie
Intelectual	Intellectuel
Jornais	Journaux
Local	Local
Online	En Ligne
Opinião	Opinion
Público	Public
Rádio	Radio
Rede	Réseau
Televisão	Télévision

Abelhas
Les Abeilles

Asas	Ailes
Benéfico	Bénéfique
Cera	Cire
Colmeia	Ruche
Diversidade	Diversité
Ecossistema	Écosystème
Enxame	Essaim
Flor	Fleur
Flores	Fleurs
Fruta	Fruit
Fumaça	Fumée
Habitat	Habitat
Inseto	Insecte
Jardim	Jardin
Mel	Miel
Plantas	Plantes
Pólen	Pollen
Rainha	Reine
Sol	Soleil

Acampamento
Camping

Animais	Animaux
Aventura	Aventure
Árvores	Arbres
Bússola	Boussole
Cabine	Cabine
Caça	Chasse
Canoa	Canoë
Chapéu	Chapeau
Corda	Corde
Equipamento	Équipement
Floresta	Forêt
Fogo	Feu
Inseto	Insecte
Lago	Lac
Lua	Lune
Maca	Hamac
Mapa	Carte
Montanha	Montagne
Natureza	Nature
Tenda	Tente

Adjetivos #1
Adjectifs #1

Absoluto	Absolu
Aromático	Aromatique
Artístico	Artistique
Atraente	Attractif
Enorme	Énorme
Escuro	Foncé
Exótico	Exotique
Fino	Mince
Generoso	Généreux
Grande	Grand
Honesto	Honnête
Idêntico	Identique
Importante	Important
Lento	Lent
Misterioso	Mystérieux
Moderno	Moderne
Perfeito	Parfait
Pesado	Lourd
Sério	Grave
Valioso	Précieux

Adjetivos #2
Adjectifs #2

Autêntico	Authentique
Criativo	Créatif
Descritivo	Descriptif
Dotado	Doué
Elegante	Élégant
Famoso	Célèbre
Forte	Fort
Interessante	Intéressant
Natural	Naturel
Normal	Normal
Novo	Nouveau
Orgulhoso	Fier
Produtivo	Productif
Puro	Pur
Quente	Chaud
Responsável	Responsable
Salgado	Salé
Saudável	Sain
Seco	Sec
Selvagem	Sauvage

Agronomia
Agronomie

Agricultura	Agriculture
Ambiente	Environnement
Água	Eau
Ciência	Science
Crescimento	Croissance
Doenças	Maladies
Ecologia	Écologie
Energia	Énergie
Erosão	Érosion
Fertilizante	Engrais
Legumes	Légumes
Orgânico	Organique
Plantas	Plantes
Poluição	Pollution
Produção	Production
Rural	Rural
Sementes	Graines
Sistemas	Systèmes
Solo	Sol
Sustentável	Durable

Antártica
Antarctique

Ambiente	Environnement
Água	Eau
Baía	Baie
Científico	Scientifique
Conservação	Conservation
Continente	Continent
Enseada	Crique
Expedição	Expédition
Geleiras	Glaciers
Gelo	Glace
Geografia	Géographie
Ilhas	Îles
Investigador	Chercheur
Migração	Migration
Minerais	Minéraux
Península	Péninsule
Pinguins	Pingouins
Rochoso	Rocheux
Temperatura	Température
Topografia	Topographie

Antiguidades
Antiquités

Arte	Art
Autêntico	Authentique
Decorativo	Décoratif
Décadas	Décennies
Elegante	Élégant
Entusiasta	Passionné
Escultura	Sculpture
Estilo	Style
Galeria	Galerie
Incomum	Inhabituel
Item	Article
Leilão	Enchères
Mobiliário	Meubles
Moedas	Pièces
Preço	Prix
Qualidade	Qualité
Restauração	Restauration
Século	Siècle
Valor	Valeur
Velho	Vieux

Aquecimento Global
Réchauffement Climatique

Agora	Maintenant
Atenção	Attention
Ártico	Arctique
Cientista	Scientifique
Clima	Climat
Consequências	Conséquences
Crise	Crise
Dados	Données
Desenvolvimento	Développement
Energia	Énergie
Futuro	Futur
Gás	Gaz
Gerações	Générations
Governo	Gouvernement
Habitats	Habitats
Indústria	Industrie
Internacional	International
Legislação	Législation
Populações	Populations
Temperaturas	Températures

Arqueologia
Archéologie

Análise	Analyse
Anos	Années
Antiguidade	Antiquité
Avaliação	Évaluation
Civilização	Civilisation
Descendente	Descendant
Desconhecido	Inconnu
Equipe	Équipe
Era	Ère
Especialista	Expert
Esquecido	Oublié
Fóssil	Fossile
Investigador	Chercheur
Mistério	Mystère
Objetos	Objets
Ossos	Os
Professor	Professeur
Relíquia	Relique
Templo	Temple
Túmulo	Tombe

Arte
Art

Cerâmica	Céramique
Complexo	Complexe
Composição	Composition
Criar	Créer
Escultura	Sculpture
Expressão	Expression
Figura	Figure
Honesto	Honnête
Humor	Humeur
Inspirado	Inspiré
Original	Original
Pessoal	Personnel
Pinturas	Peintures
Poesia	Poésie
Retratar	Dépeindre
Simples	Simple
Símbolo	Symbole
Sujeito	Sujet
Surrealismo	Surréalisme
Visual	Visuel

Artes Visuais
Arts Visuels

Argila	Argile
Arquitetura	Architecture
Artista	Artiste
Caneta	Stylo
Cavalete	Chevalet
Cera	Cire
Cerâmica	Céramique
Composição	Composition
Criatividade	Créativité
Escultura	Sculpture
Estêncil	Pochoir
Filme	Film
Fotografia	Photographie
Giz	Craie
Lápis	Crayon
Obra-Prima	Chef-D'Œuvre
Perspectiva	Perspective
Pintura	Peinture
Retrato	Portrait
Verniz	Vernis

Astronomia
Astronomie

Asteróide	Astéroïde
Astronauta	Astronaute
Astrônomo	Astronome
Céu	Ciel
Constelação	Constellation
Cosmos	Cosmos
Eclipse	Éclipse
Equinócio	Équinoxe
Foguete	Fusée
Gravidade	Gravité
Lua	Lune
Meteoro	Météore
Nebulosa	Nébuleuse
Observatório	Observatoire
Planeta	Planète
Radiação	Radiation
Solar	Solaire
Supernova	Supernova
Terra	Terre
Universo	Univers

Atividades e Lazer
Activités et Loisirs

Acampamento	Camping
Arte	Art
Basquete	Basket-Ball
Beisebol	Base-Ball
Boxe	Boxe
Caminhada	Randonnée
Corrida	Course
Futebol	Football
Golfe	Golf
Hobbies	Passe-Temps
Jardinagem	Jardinage
Mergulho	Plongée
Natação	Nager
Pesca	Pêche
Pintura	Peinture
Relaxante	Relaxant
Surfe	Surf
Tênis	Tennis
Viagem	Voyage
Voleibol	Volley-Ball

Aventura
Aventure

Alegria	Joie
Amigos	Amis
Atividade	Activité
Beleza	Beauté
Chance	Chance
Desafios	Défis
Destino	Destination
Dificuldade	Difficulté
Entusiasmo	Enthousiasme
Excursão	Excursion
Incomum	Inhabituel
Itinerário	Itinéraire
Natureza	Nature
Navegação	Navigation
Novo	Nouveau
Oportunidade	Opportunité
Perigoso	Dangereux
Preparação	Préparation
Segurança	Sécurité
Surpreendente	Surprenant

Aviões
Avions

Altitude	Altitude
Altura	Hauteur
Ar	Air
Aterrissagem	Atterrissage
Atmosfera	Atmosphère
Aventura	Aventure
Balão	Ballon
Céu	Ciel
Combustível	Carburant
Construção	Construction
Descida	Descente
Direção	Direction
Hidrogênio	Hydrogène
História	Histoire
Inflar	Gonfler
Motor	Moteur
Passageiro	Passager
Piloto	Pilote
Tripulação	Équipage
Turbulência	Turbulence

Álgebra
Algèbre

Diagrama	Diagramme
Equação	Équation
Expoente	Exposant
Falso	Faux
Fator	Facteur
Fórmula	Formule
Fração	Fraction
Infinito	Infini
Linear	Linéaire
Matriz	Matrice
Número	Nombre
Parêntese	Parenthèse
Problema	Problème
Quantidade	Quantité
Simplificar	Simplifier
Solução	Solution
Soma	Somme
Subtração	Soustraction
Variável	Variable
Zero	Zéro

Balé
Ballet

Artístico	Artistique
Bailarina	Ballerine
Compositor	Compositeur
Coreografia	Chorégraphie
Dançarinos	Danseurs
Ensaio	Répétition
Estilo	Style
Expressivo	Expressif
Gesto	Geste
Gracioso	Gracieux
Habilidade	Compétence
Intensidade	Intensité
Músculos	Muscles
Música	Musique
Orquestra	Orchestre
Prática	Pratique
Público	Public
Ritmo	Rythme
Solo	Solo
Técnica	Technique

Barcos
Bateaux

Âncora	Ancre
Balsa	Ferry
Bóia	Bouée
Caiaque	Kayak
Canoa	Canoë
Corda	Corde
Doca	Dock
Iate	Yacht
Jangada	Radeau
Lago	Lac
Mar	Mer
Maré	Marée
Marinheiro	Marin
Mastro	Mât
Motor	Moteur
Náutico	Nautique
Oceano	Océan
Ondas	Vagues
Rio	Fleuve
Tripulação	Équipage

Beleza
Beauté

Cachos	Boucles
Charme	Charme
Cor	Couleur
Cosméticos	Cosmétique
Elegante	Élégant
Elegância	Élégance
Espelho	Miroir
Estilista	Styliste
Fotogênico	Photogénique
Fragrância	Parfum
Graça	Grâce
Maquiagem	Maquillage
Óleos	Huiles
Pele	Peau
Produtos	Produits
Rímel	Mascara
Serviços	Services
Suave	Lisse
Tesoura	Ciseaux
Xampu	Shampooing

Biologia
Biologie

Anatomia	Anatomie
Bactérias	Bactéries
Célula	Cellule
Colagénio	Collagène
Cromossoma	Chromosome
Embrião	Embryon
Enzima	Enzyme
Evolução	Évolution
Fotossíntese	Photosynthèse
Hormona	Hormone
Mamífero	Mammifère
Mutação	Mutation
Natural	Naturel
Nervo	Nerf
Neurônio	Neurone
Osmose	Osmose
Proteína	Protéine
Réptil	Reptile
Simbiose	Symbiose
Sinapse	Synapse

Café
Café

Açúcar	Sucre
Amargo	Amer
Aroma	Arôme
Assado	Rôti
Água	Eau
Bebida	Boisson
Cafeína	Caféine
Copa	Tasse
Creme	Crème
Filtro	Filtre
Leite	Lait
Líquido	Liquide
Manhã	Matin
Moer	Moudre
Origem	Origine
Preço	Prix
Preto	Noir
Sabor	Saveur
Variedade	Variété

Caminhada
Randonnée

Acampamento	Camping
Animais	Animaux
Água	Eau
Botas	Bottes
Cansado	Fatigué
Clima	Climat
Guias	Guides
Mapa	Carte
Montanha	Montagne
Natureza	Nature
Orientação	Orientation
Parques	Parcs
Pedras	Pierres
Penhasco	Falaise
Perigos	Dangers
Pesado	Lourd
Preparação	Préparation
Selvagem	Sauvage
Sol	Soleil
Tempo	Météo

Casa
Maison

Biblioteca	Bibliothèque
Cerca	Clôture
Chaves	Clés
Chuveiro	Douche
Cortinas	Rideaux
Cozinha	Cuisine
Espelho	Miroir
Garagem	Garage
Janela	Fenêtre
Jardim	Jardin
Lareira	Cheminée
Mobiliário	Meubles
Parede	Mur
Porta	Porte
Quarto	Chambre
Sótão	Grenier
Tapete	Tapis
Teto	Plafond
Torneira	Robinet
Vassoura	Balai

Chocolate
Chocolat

Açúcar	Sucre
Amargo	Amer
Amendoins	Cacahuètes
Antioxidante	Antioxydant
Aroma	Arôme
Artesanal	Artisanal
Cacau	Cacao
Calorias	Calories
Caramelo	Caramel
Coco	Noix de Coco
Delicioso	Délicieux
Doce	Doux
Exótico	Exotique
Favorito	Favori
Gosto	Goût
Ingrediente	Ingrédient
Pó	Poudre
Qualidade	Qualité
Receita	Recette
Sabor	Saveur

Churrascos
Barbecues

Almoço	Déjeuner
Convite	Invitation
Crianças	Enfants
Facas	Couteaux
Família	Famille
Fome	Faim
Frango	Poulet
Fruta	Fruit
Grelha	Gril
Jantar	Dîner
Jogos	Jeux
Legumes	Légumes
Molho	Sauce
Música	Musique
Pimenta	Poivre
Quente	Chaud
Sal	Sel
Saladas	Salades
Tomates	Tomates
Verão	Été

Cidade
Ville

Aeroporto	Aéroport
Banco	Banque
Biblioteca	Bibliothèque
Cinema	Cinéma
Escola	École
Estádio	Stade
Farmácia	Pharmacie
Florista	Fleuriste
Galeria	Galerie
Hotel	Hôtel
Jardim Zoológico	Zoo
Livraria	Librairie
Mercado	Marché
Museu	Musée
Padaria	Boulangerie
Restaurante	Restaurant
Salão	Salon
Supermercado	Supermarché
Teatro	Théâtre
Universidade	Université

Ciência
Science

Átomo	Atome
Cientista	Scientifique
Clima	Climat
Dados	Données
Evolução	Évolution
Fato	Fait
Física	Physique
Fóssil	Fossile
Gravidade	Gravité
Hipótese	Hypothèse
Laboratório	Laboratoire
Método	Méthode
Minerais	Minéraux
Moléculas	Molécules
Natureza	Nature
Observação	Observation
Organismo	Organisme
Partículas	Particules
Plantas	Plantes
Químico	Chimique

Clima
Météo

Arco-Íris	Arc-En-Ciel
Atmosfera	Atmosphère
Brisa	Brise
Céu	Ciel
Clima	Climat
Furacão	Ouragan
Gelo	Glace
Monção	Mousson
Nevoeiro	Brouillard
Nuvem	Nuage
Polar	Polaire
Relâmpago	Éclair
Seca	Sécheresse
Seco	Sec
Temperatura	Température
Tempestade	Tempête
Tornado	Tornade
Tropical	Tropical
Trovão	Tonnerre
Vento	Vent

Comida # 2
Nourriture #2

Alcachofra	Artichaut
Amêndoa	Amande
Arroz	Riz
Banana	Banane
Beringela	Aubergine
Brócolis	Brocoli
Cereja	Cerise
Chocolate	Chocolat
Cogumelo	Champignon
Frango	Poulet
Iogurte	Yaourt
Kiwi	Kiwi
Maçã	Pomme
Ovo	Oeuf
Peixe	Poisson
Presunto	Jambon
Queijo	Fromage
Tomate	Tomate
Trigo	Blé
Uva	Raisin

Comida #1
Nourriture #1

Açúcar	Sucre
Alho	Ail
Amendoim	Arachide
Atum	Thon
Bolo	Gâteau
Canela	Cannelle
Cebola	Oignon
Cenoura	Carotte
Cevada	Orge
Damasco	Abricot
Espinafre	Épinard
Leite	Lait
Limão	Citron
Manjericão	Basilic
Morango	Fraise
Nabo	Navet
Sal	Sel
Salada	Salade
Sopa	Soupe
Suco	Jus

Corpo Humano
Corps Humain

Boca	Bouche
Cabeça	Tête
Cérebro	Cerveau
Coração	Cœur
Cotovelo	Coude
Dedo	Doigt
Joelho	Genou
Mandíbula	Mâchoire
Mão	Main
Nariz	Nez
Olho	Oeil
Ombro	Épaule
Orelha	Oreille
Pele	Peau
Perna	Jambe
Pescoço	Cou
Queixo	Menton
Sangue	Sang
Testa	Front
Tornozelo	Cheville

Criatividade
Créativité

Artístico	Artistique
Autenticidade	Authenticité
Clareza	Clarté
Dramático	Dramatique
Emoções	Émotions
Espontânea	Spontané
Expressão	Expression
Fluidez	Fluidité
Habilidade	Compétence
Imagem	Image
Imaginação	Imagination
Impressão	Impression
Inspiração	Inspiration
Intensidade	Intensité
Intuição	Intuition
Inventivo	Inventif
Sensação	Sensation
Sentimentos	Sentiments
Visões	Visions
Vitalidade	Vitalité

Dança
Danse

Academia	Académie
Alegre	Joyeux
Arte	Art
Clássico	Classique
Coreografia	Chorégraphie
Corpo	Corps
Cultura	Culture
Cultural	Culturel
Emoção	Émotion
Ensaio	Répétition
Expressivo	Expressif
Graça	Grâce
Movimento	Mouvement
Música	Musique
Parceiro	Partenaire
Postura	Posture
Ritmo	Rythme
Saltar	Saut
Tradicional	Traditionnel
Visual	Visuel

Dias e Meses
Jours et Mois

Abril	Avril
Agosto	Août
Ano	Année
Calendário	Calendrier
Dezembro	Décembre
Domingo	Dimanche
Fevereiro	Février
Janeiro	Janvier
Julho	Juillet
Junho	Juin
Mês	Mois
Novembro	Novembre
Outubro	Octobre
Quinta-Feira	Jeudi
Sábado	Samedi
Segunda-Feira	Lundi
Semana	Semaine
Setembro	Septembre
Sexta-Feira	Vendredi
Terça	Mardi

Diplomacia
Diplomatie

Cidadãos	Citoyens
Comunidade	Communauté
Conflito	Conflit
Consultor	Conseiller
Cooperação	Coopération
Diplomático	Diplomatique
Discussão	Discussion
Embaixada	Ambassade
Embaixador	Ambassadeur
Ética	Éthique
Governo	Gouvernement
Humanitário	Humanitaire
Integridade	Intégrité
Justiça	Justice
Línguas	Langues
Política	Politique
Resolução	Résolution
Segurança	Sécurité
Solução	Solution
Tratado	Traité

Dirigindo
Conduite

Acidente	Accident
Carro	Voiture
Combustível	Carburant
Cuidado	Attention
Estrada	Route
Freios	Freins
Garagem	Garage
Gás	Gaz
Licença	Licence
Mapa	Carte
Motocicleta	Moto
Motor	Moteur
Pedestre	Piéton
Perigo	Danger
Polícia	Police
Rua	Rue
Segurança	Sécurité
Transporte	Transport
Tráfego	Trafic
Túnel	Tunnel

Disciplinas Científicas
Disciplines Scientifiques

Anatomia	Anatomie
Arqueologia	Archéologie
Astronomia	Astronomie
Biologia	Biologie
Bioquímica	Biochimie
Botânica	Botanique
Cinesiologia	Kinésiologie
Ecologia	Écologie
Fisiologia	Physiologie
Geologia	Géologie
Imunologia	Immunologie
Linguística	Linguistique
Mecânica	Mécanique
Meteorologia	Météorologie
Mineralogia	Minéralogie
Neurologia	Neurologie
Psicologia	Psychologie
Química	Chimie
Sociologia	Sociologie
Zoologia	Zoologie

Doença
Maladie

Abdominal	Abdominal
Alergias	Allergies
Contagioso	Contagieux
Coração	Cœur
Corpo	Corps
Crônica	Chronique
Fraco	Faible
Genético	Génétique
Hereditário	Héréditaire
Imunidade	Immunité
Inflamação	Inflammation
Lombar	Lombaire
Neuropatia	Neuropathie
Ossos	Os
Patógenos	Pathogènes
Pulmonar	Pulmonaire
Respiratório	Respiratoire
Saúde	Santé
Síndrome	Syndrome
Terapia	Thérapie

Ecologia
Écologie

Clima	Climat
Comunidades	Communautés
Diversidade	Diversité
Fauna	Faune
Flora	Flore
Global	Global
Habitat	Habitat
Marinho	Marin
Montanhas	Montagnes
Natural	Naturel
Natureza	Nature
Pântano	Marais
Plantas	Plantes
Recursos	Ressources
Seca	Sécheresse
Sobrevivência	Survie
Sustentável	Durable
Variedade	Variété
Vegetação	Végétation
Voluntários	Bénévoles

Edifícios
Bâtiments

Apartamento	Appartement
Castelo	Château
Celeiro	Grange
Cinema	Cinéma
Embaixada	Ambassade
Escola	École
Estádio	Stade
Fazenda	Ferme
Fábrica	Usine
Garagem	Garage
Hospital	Hôpital
Hotel	Hôtel
Laboratório	Laboratoire
Museu	Musée
Observatório	Observatoire
Supermercado	Supermarché
Teatro	Théâtre
Tenda	Tente
Torre	Tour
Universidade	Université

Energia
Énergie

Ambiente	Environnement
Bateria	Batterie
Calor	Chaleur
Carbono	Carbone
Combustível	Carburant
Diesel	Diesel
Elétrico	Électrique
Elétron	Électron
Entropia	Entropie
Fóton	Photon
Gasolina	Essence
Hidrogênio	Hydrogène
Indústria	Industrie
Motor	Moteur
Nuclear	Nucléaire
Poluição	Pollution
Renovável	Renouvelable
Sol	Soleil
Turbina	Turbine
Vento	Vent

Engenharia
Ingénierie

Atrito	Friction
Ângulo	Angle
Cálculo	Calcul
Construção	Construction
Diagrama	Diagramme
Diâmetro	Diamètre
Diesel	Diesel
Dimensões	Dimensions
Distribuição	Distribution
Eixo	Axe
Energia	Énergie
Estabilidade	Stabilité
Estrutura	Structure
Força	Force
Líquido	Liquide
Máquina	Machine
Medição	Mesure
Motor	Moteur
Profundidade	Profondeur
Propulsão	Propulsion

Especiarias
Épices

Açafrão	Safran
Alcaçuz	Réglisse
Alho	Ail
Amargo	Amer
Anis	Anis
Azedo	Aigre
Baunilha	Vanille
Canela	Cannelle
Cardamomo	Cardamome
Caril	Curry
Cebola	Oignon
Coentro	Coriandre
Cominho	Cumin
Doce	Doux
Funcho	Fenouil
Gengibre	Gingembre
Noz-Moscada	Muscade
Pimenta	Poivre
Sabor	Saveur
Sal	Sel

Esporte
Sport

Alongamento	Étirement
Atleta	Athlète
Capacidade	Capacité
Ciclismo	Cyclisme
Corpo	Corps
Dançando	Danse
Dieta	Diète
Esportes	Sports
Força	Force
Jogging	Jogging
Maximizar	Maximiser
Metabólico	Métabolique
Músculos	Muscles
Nutrição	Nutrition
Objetivo	Objectif
Ossos	Os
Programa	Programme
Resistência	Endurance
Saúde	Santé
Treinador	Entraîneur

Ética
Éthique

Altruísmo	Altruisme
Benevolente	Bienveillant
Bondade	Gentillesse
Compaixão	Compassion
Cooperação	Coopération
Dignidade	Dignité
Diplomático	Diplomatique
Filosofia	Philosophie
Honestidade	Honnêteté
Humanidade	Humanité
Integridade	Intégrité
Otimismo	Optimisme
Paciência	Patience
Racionalidade	Rationalité
Razoável	Raisonnable
Realismo	Réalisme
Respeitoso	Respectueux
Sabedoria	Sagesse
Tolerância	Tolérance
Valores	Valeurs

Família
Famille

Antepassado	Ancêtre
Avó	Grand-Mère
Criança	Enfant
Crianças	Enfants
Esposa	Femme
Filha	Fille
Infância	Enfance
Irmã	Soeur
Irmão	Frère
Marido	Mari
Materno	Maternel
Mãe	Mère
Neto	Petit-Fils
Pai	Père
Paterno	Paternel
Primo	Cousin
Sobrinha	Nièce
Sobrinho	Neveu
Tia	Tante
Tio	Oncle

Fazenda #1
Ferme #1

Abelha	Abeille
Agricultura	Agriculture
Arroz	Riz
Água	Eau
Bezerro	Veau
Burro	Âne
Cabra	Chèvre
Campo	Champ
Cavalo	Cheval
Cão	Chien
Cerca	Clôture
Corvo	Corbeau
Feno	Foin
Fertilizante	Engrais
Frango	Poulet
Gato	Chat
Mel	Miel
Porco	Cochon
Rebanho	Troupeau
Vaca	Vache

Fazenda #2
Ferme #2

Agricultor	Agriculteur
Animais	Animaux
Celeiro	Grange
Cevada	Orge
Colmeia	Ruche
Cordeiro	Agneau
Fruta	Fruit
Irrigação	Irrigation
Leite	Lait
Lhama	Lama
Maduro	Mûr
Milho	Maïs
Ovelha	Mouton
Pastor	Berger
Pato	Canard
Pomar	Verger
Prado	Pré
Trator	Tracteur
Trigo	Blé
Vegetal	Légume

Férias #2
Vacances #2

Aeroporto	Aéroport
Destino	Destination
Estrangeiro	Étranger
Feriado	Vacances
Fotos	Photos
Hotel	Hôtel
Ilha	Île
Lazer	Loisir
Mapa	Carte
Mar	Mer
Montanhas	Montagnes
Passaporte	Passeport
Praia	Plage
Reservas	Réservations
Restaurante	Restaurant
Táxi	Taxi
Tenda	Tente
Transporte	Transport
Viagem	Voyage
Visto	Visa

Ficção Científica
Science-Fiction

Atómico	Atomique
Cinema	Cinéma
Distante	Lointain
Distopia	Dystopie
Explosão	Explosion
Extremo	Extrême
Fantástico	Fantastique
Fogo	Feu
Futurista	Futuriste
Galáxia	Galaxie
Ilusão	Illusion
Imaginário	Imaginaire
Livros	Livres
Misterioso	Mystérieux
Mundo	Monde
Oráculo	Oracle
Planeta	Planète
Robôs	Robots
Tecnologia	Technologie
Utopia	Utopie

Filantropia
Philanthropie

Caridade	Charité
Comunidade	Communauté
Contatos	Contacts
Crianças	Enfants
Desafios	Défis
Finança	Finance
Fundos	Fonds
Generosidade	Générosité
Global	Global
Grupos	Groupes
História	Histoire
Honestidade	Honnêteté
Humanidade	Humanité
Juventude	Jeunesse
Missão	Mission
Necessidade	Besoin
Objetivos	Buts
Pessoas	Gens
Programas	Programmes
Público	Public

Física
Physique

Aceleração	Accélération
Átomo	Atome
Caos	Chaos
Densidade	Densité
Elétron	Électron
Expansão	Expansion
Fórmula	Formule
Frequência	Fréquence
Gás	Gaz
Gravidade	Gravité
Magnetismo	Magnétisme
Massa	Masse
Mecânica	Mécanique
Molécula	Molécule
Motor	Moteur
Nuclear	Nucléaire
Partícula	Particule
Químico	Chimique
Relatividade	Relativité
Universal	Universel

Flores
Fleurs

Buquê	Bouquet
Dente-De-Leão	Pissenlit
Gardênia	Gardénia
Girassol	Tournesol
Hibisco	Hibiscus
Jasmim	Jasmin
Lavanda	Lavande
Lilás	Lilas
Lírio	Lys
Magnólia	Magnolia
Margarida	Marguerite
Narciso	Jonquille
Orquídea	Orchidée
Papoula	Pavot
Peônia	Pivoine
Pétala	Pétale
Plumeria	Plumeria
Rosa	Rose
Trevo	Trèfle
Tulipa	Tulipe

Floresta Tropical
Forêt Tropicale

Anfíbios	Amphibiens
Botânico	Botanique
Clima	Climat
Comunidade	Communauté
Diversidade	Diversité
Espécies	Espèce
Indígena	Indigène
Insetos	Insectes
Mamíferos	Mammifères
Musgo	Mousse
Natureza	Nature
Nuvens	Nuage
Pássaros	Oiseaux
Preservação	Préservation
Refúgio	Refuge
Respeito	Respect
Restauração	Restauration
Selva	Jungle
Sobrevivência	Survie
Valioso	Précieux

Força e Gravidade
Force et Gravité

Atrito	Friction
Centro	Centre
Descoberta	Découverte
Dinâmico	Dynamique
Distância	Distance
Eixo	Axe
Expansão	Expansion
Física	Physique
Impacto	Impact
Magnetismo	Magnétisme
Magnitude	Magnitude
Mecânica	Mécanique
Órbita	Orbite
Peso	Poids
Planetas	Planètes
Pressão	Pression
Propriedades	Propriétés
Rapidez	Vitesse
Tempo	Temps
Universal	Universel

Frutas
Fruit

Abacate	Avocat
Abacaxi	Ananas
Amora	Mûre
Baga	Baie
Banana	Banane
Cereja	Cerise
Coco	Noix de Coco
Damasco	Abricot
Figo	Figue
Framboesa	Framboise
Kiwi	Kiwi
Laranja	Orange
Limão	Citron
Maçã	Pomme
Mamão	Papaye
Manga	Mangue
Nectarina	Nectarine
Pera	Poire
Pêssego	Pêche
Uva	Raisin

Geografia
Géographie

Altitude	Altitude
Atlas	Atlas
Cidade	Ville
Continente	Continent
Hemisfério	Hémisphère
Ilha	Île
Latitude	Latitude
Mapa	Carte
Mar	Mer
Meridiano	Méridien
Montanha	Montagne
Mundo	Monde
Norte	Nord
Oceano	Océan
Oeste	Ouest
País	Pays
Região	Région
Rio	Fleuve
Sul	Sud
Território	Territoire

Geologia
Géologie

Ácido	Acide
Camada	Couche
Caverna	Caverne
Cálcio	Calcium
Ciclos	Cycles
Continente	Continent
Coral	Corail
Cristais	Cristaux
Erosão	Érosion
Estalactite	Stalactite
Estalagmites	Stalagmites
Fóssil	Fossile
Lava	Lave
Minerais	Minéraux
Pedra	Pierre
Platô	Plateau
Quartzo	Quartz
Sal	Sel
Vulcão	Volcan
Zona	Zone

Geometria
Géométrie

Altura	Hauteur
Ângulo	Angle
Cálculo	Calcul
Círculo	Cercle
Curva	Courbe
Diâmetro	Diamètre
Dimensão	Dimension
Equação	Équation
Horizontal	Horizontal
Lógica	Logique
Massa	Masse
Mediana	Médian
Paralelo	Parallèle
Proporção	Proportion
Segmento	Segment
Simetria	Symétrie
Superfície	Surface
Teoria	Théorie
Triângulo	Triangle
Vertical	Vertical

Governo
Gouvernement

Cidadania	Citoyenneté
Civil	Civil
Constituição	Constitution
Democracia	Démocratie
Discurso	Discours
Discussão	Discussion
Distrito	District
Estado	État
Igualdade	Égalité
Independência	Indépendance
Judicial	Judiciaire
Justiça	Justice
Lei	Loi
Liberdade	Liberté
Líder	Leader
Monumento	Monument
Nacional	National
Nação	Nation
Política	Politique
Símbolo	Symbole

Herbalismo
Herboristerie

Açafrão	Safran
Alecrim	Romarin
Alho	Ail
Aromático	Aromatique
Benéfico	Bénéfique
Coentro	Coriandre
Estragão	Estragon
Flor	Fleur
Funcho	Fenouil
Ingrediente	Ingrédient
Jardim	Jardin
Lavanda	Lavande
Manjericão	Basilic
Manjerona	Marjolaine
Planta	Plante
Qualidade	Qualité
Sabor	Saveur
Salsa	Persil
Tomilho	Thym
Verde	Vert

Instrumentos Musicais
Instruments de Musique

Bandolim	Mandoline
Banjo	Banjo
Clarinete	Clarinette
Fagote	Basson
Flauta	Flûte
Gaita	Harmonica
Gongo	Gong
Harpa	Harpe
Marimba	Marimba
Oboé	Hautbois
Pandeiro	Tambourin
Percussão	Percussion
Piano	Piano
Saxofone	Saxophone
Tambor	Tambour
Trombone	Trombone
Trompete	Trompette
Violão	Guitare
Violino	Violon
Violoncelo	Violoncelle

Jardim
Jardin

Ancinho	Râteau
Arbusto	Buisson
Árvore	Arbre
Banco	Banc
Cerca	Clôture
Flor	Fleur
Garagem	Garage
Grama	Herbe
Gramado	Pelouse
Jardim	Jardin
Lagoa	Étang
Maca	Hamac
Mangueira	Tuyau
Pá	Pelle
Pomar	Verger
Solo	Sol
Terraço	Terrasse
Trampolim	Trampoline
Varanda	Porche
Videira	Vigne

Jardinagem
Jardinage

Água	Eau
Botânico	Botanique
Buquê	Bouquet
Clima	Climat
Comestível	Comestible
Composto	Compost
Espécies	Espèce
Exótico	Exotique
Flor	Fleur
Floral	Floral
Folha	Feuille
Folhagem	Feuillage
Mangueira	Tuyau
Pomar	Verger
Recipiente	Récipient
Sazonal	Saisonnier
Sementes	Graines
Solo	Sol
Sujeira	Saleté
Umidade	Humidité

Jazz
Jazz

Artista	Artiste
Álbum	Album
Bateria	Tambours
Canção	Chanson
Composição	Composition
Compositor	Compositeur
Concerto	Concert
Estilo	Style
Ênfase	Accent
Famoso	Célèbre
Favoritos	Favoris
Gênero	Genre
Improvisação	Improvisation
Música	Musique
Novo	Nouveau
Orquestra	Orchestre
Ritmo	Rythme
Talento	Talent
Técnica	Technique
Velho	Vieux

Literatura
Littérature

Analogia	Analogie
Análise	Analyse
Anedota	Anecdote
Autor	Auteur
Biografia	Biographie
Comparação	Comparaison
Conclusão	Conclusion
Descrição	Description
Diálogo	Dialogue
Estilo	Style
Ficção	Fiction
Metáfora	Métaphore
Narrador	Narrateur
Opinião	Opinion
Poema	Poème
Rima	Rime
Ritmo	Rythme
Romance	Roman
Tema	Thème
Tragédia	Tragédie

Livros
Livres

Autor	Auteur
Aventura	Aventure
Coleção	Collection
Contexto	Contexte
Dualidade	Dualité
Escrito	Écrit
Épico	Épique
História	Histoire
Histórico	Historique
Inventivo	Inventif
Leitor	Lecteur
Literário	Littéraire
Narrador	Narrateur
Página	Page
Poema	Poème
Poesia	Poésie
Relevante	Pertinent
Romance	Roman
Série	Série
Trágico	Tragique

Mamíferos
Mammifères

Baleia	Baleine
Camelo	Chameau
Canguru	Kangourou
Castor	Castor
Cavalo	Cheval
Cão	Chien
Coelho	Lapin
Coiote	Coyote
Elefante	Éléphant
Gato	Chat
Girafa	Girafe
Golfinho	Dauphin
Gorila	Gorille
Leão	Lion
Lobo	Loup
Macaco	Singe
Ovelha	Mouton
Raposa	Renard
Touro	Taureau
Zebra	Zèbre

Matemática
Mathématiques

Aritmética	Arithmétique
Ângulos	Angles
Circunferência	Circonférence
Decimal	Décimal
Diâmetro	Diamètre
Equação	Équation
Expoente	Exposant
Fração	Fraction
Geometria	Géométrie
Números	Nombres
Paralelo	Parallèle
Perímetro	Périmètre
Polígono	Polygone
Quadrado	Carré
Raio	Rayon
Retângulo	Rectangle
Simetria	Symétrie
Soma	Somme
Triângulo	Triangle
Volume	Volume

Material de Arte
Fournitures d'Art

Acrílico	Acrylique
Apagador	Gomme
Aquarelas	Aquarelles
Argila	Argile
Água	Eau
Cadeira	Chaise
Carvão	Charbon
Cavalete	Chevalet
Câmera	Caméra
Cola	Colle
Cores	Couleurs
Criatividade	Créativité
Escovas	Brosses
Lápis	Crayons
Mesa	Table
Óleo	Huile
Papel	Papier
Pastels	Pastels
Tinta	Encre
Tintas	Peinture

Medições
Mesures

Altura	Hauteur
Byte	Octet
Centímetro	Centimètre
Comprimento	Longueur
Decimal	Décimal
Grama	Gramme
Grau	Degré
Largura	Largeur
Litro	Litre
Massa	Masse
Metro	Mètre
Minuto	Minute
Onça	Once
Peso	Poids
Polegada	Pouce
Profundidade	Profondeur
Quilograma	Kilogramme
Quilômetro	Kilomètre
Tonelada	Tonne
Volume	Volume

Meditação
Méditation

Aceitação	Acceptation
Acordado	Éveillé
Atenção	Attention
Bondade	Gentillesse
Clareza	Clarté
Compaixão	Compassion
Emoções	Émotions
Ensinamentos	Enseignements
Gratidão	Gratitude
Mental	Mental
Mente	Esprit
Movimento	Mouvement
Música	Musique
Natureza	Nature
Observação	Observation
Paz	Paix
Pensamentos	Pensées
Perspectiva	Perspective
Postura	Posture
Silêncio	Silence

Mitologia
Mythologie

Arquétipo	Archétype
Ciúmes	Jalousie
Comportamento	Comportement
Criação	Création
Criatura	Créature
Cultura	Culture
Desastre	Catastrophe
Força	Force
Guerreiro	Guerrier
Heroína	Héroïne
Herói	Héros
Imortalidade	Immortalité
Labirinto	Labyrinthe
Lenda	Légende
Mágico	Magique
Monstro	Monstre
Mortal	Mortel
Relâmpago	Éclair
Trovão	Tonnerre
Vingança	Vengeance

Moda
Mode

Acessível	Abordable
Bordado	Broderie
Botões	Boutons
Boutique	Boutique
Caro	Cher
Confortável	Confortable
Elegante	Élégant
Estilo	Style
Medidas	Mesures
Minimalista	Minimaliste
Moderno	Moderne
Modesto	Modeste
Original	Original
Prático	Pratique
Renda	Dentelle
Roupa	Vêtements
Simples	Simple
Tecido	Tissu
Tendência	Tendance
Textura	Texture

Música
Musique

Álbum	Album
Balada	Ballade
Cantar	Chanter
Cantor	Chanteur
Clássico	Classique
Coro	Chœur
Harmonia	Harmonie
Improvisar	Improviser
Instrumento	Instrument
Lírico	Lyrique
Melodia	Mélodie
Microfone	Microphone
Musical	Musical
Músico	Musicien
Ópera	Opéra
Poético	Poétique
Ritmo	Rythme
Rítmico	Rythmique
Tempo	Tempo
Vocal	Vocal

Natureza
Nature

Abelhas	Abeilles
Abrigo	Abri
Animais	Animaux
Ártico	Arctique
Beleza	Beauté
Deserto	Désert
Dinâmico	Dynamique
Erosão	Érosion
Floresta	Forêt
Folhagem	Feuillage
Geleira	Glacier
Nevoeiro	Brouillard
Nuvens	Nuage
Pacífico	Paisible
Rio	Fleuve
Santuário	Sanctuaire
Selvagem	Sauvage
Sereno	Serein
Tropical	Tropical
Vital	Vital

Negócios
Entreprise

Carreira	Carrière
Custo	Coût
Desconto	Réduction
Dinheiro	Argent
Economia	Économie
Empregado	Employé
Empregador	Employeur
Empresa	Entreprise
Escritório	Bureau
Fábrica	Usine
Finança	Finance
Gerente	Gérant
Impostos	Impôts
Loja	Boutique
Lucro	Profit
Mercadoria	Marchandise
Moeda	Devise
Orçamento	Budget
Rendimento	Revenu
Venda	Vente

Nutrição
Nutrition

Amargo	Amer
Apetite	Appétit
Calorias	Calories
Carboidratos	Glucides
Comestível	Comestible
Dieta	Diète
Digestão	Digestion
Equilibrado	Équilibré
Fermentação	Fermentation
Líquidos	Liquides
Molho	Sauce
Nutriente	Nutritif
Peso	Poids
Proteínas	Protéines
Qualidade	Qualité
Sabor	Saveur
Saudável	Sain
Saúde	Santé
Toxina	Toxine
Vitamina	Vitamine

Números
Nombres

Cinco	Cinq
Decimal	Décimal
Dez	Dix
Dezesseis	Seize
Dezessete	Dix-Sept
Dezoito	Dix-Huit
Dois	Deux
Doze	Douze
Nove	Neuf
Oito	Huit
Quatorze	Quatorze
Quatro	Quatre
Quinze	Quinze
Seis	Six
Sete	Sept
Treze	Treize
Três	Trois
Um	Un
Vinte	Vingt
Zero	Zéro

Oceano
Océan

Atum	Thon
Baleia	Baleine
Barco	Bateau
Camarão	Crevette
Caranguejo	Crabe
Coral	Corail
Enguia	Anguille
Esponja	Éponge
Golfinho	Dauphin
Marés	Marées
Medusa	Méduse
Ondas	Vagues
Ostra	Huître
Peixe	Poisson
Polvo	Poulpe
Recife	Récif
Sal	Sel
Tartaruga	Tortue
Tempestade	Tempête
Tubarão	Requin

Paisagens
Paysages

Cascata	Cascade
Caverna	Grotte
Colina	Colline
Deserto	Désert
Geleira	Glacier
Golfo	Golfe
Iceberg	Iceberg
Ilha	Île
Lago	Lac
Mar	Mer
Montanha	Montagne
Oásis	Oasis
Oceano	Océan
Pântano	Marais
Península	Péninsule
Praia	Plage
Rio	Fleuve
Tundra	Toundra
Vale	Vallée
Vulcão	Volcan

Países #1
Pays #1

Alemanha	Allemagne
Brasil	Brésil
Camboja	Cambodge
Canadá	Canada
Egito	Egypte
Equador	Équateur
Espanha	Espagne
Finlândia	Finlande
Iraque	Irak
Israel	Israël
Itália	Italie
Índia	Inde
Mali	Mali
Marrocos	Maroc
Nicarágua	Nicaragua
Noruega	Norvège
Panamá	Panama
Polônia	Pologne
Senegal	Sénégal
Venezuela	Venezuela

Países #2
Pays #2

Albânia	Albanie
Dinamarca	Danemark
França	France
Grécia	Grèce
Haiti	Haïti
Indonésia	Indonésie
Irlanda	Irlande
Jamaica	Jamaïque
Japão	Japon
Laos	Laos
Líbano	Liban
México	Mexique
Nepal	Népal
Nigéria	Nigeria
Paquistão	Pakistan
Rússia	Russie
Síria	Syrie
Somália	Somalie
Ucrânia	Ukraine
Uganda	Ouganda

Pássaros
Oiseaux

Avestruz	Autruche
Águia	Aigle
Cegonha	Cigogne
Cisne	Cygne
Corvo	Corbeau
Cuco	Coucou
Flamingo	Flamant
Frango	Poulet
Gaivota	Mouette
Ganso	Oie
Garça	Héron
Ovo	Oeuf
Papagaio	Perroquet
Pardal	Moineau
Pato	Canard
Pavão	Paon
Pelicano	Pélican
Pinguim	Manchot
Pombo	Pigeon
Tucano	Toucan

Plantas
Plantes

Arbusto	Buisson
Árvore	Arbre
Baga	Baie
Bambu	Bambou
Botânica	Botanique
Cacto	Cactus
Erva	Herbe
Feijão	Haricot
Fertilizante	Engrais
Flor	Fleur
Flora	Flore
Floresta	Forêt
Folha	Feuille
Folhagem	Feuillage
Hera	Lierre
Jardim	Jardin
Musgo	Mousse
Pétala	Pétale
Raiz	Racine
Vegetação	Végétation

Profissões #1
Professions #1

Advogado	Avocat
Artista	Artiste
Astrônomo	Astronome
Banqueiro	Banquier
Bombeiro	Pompier
Caçador	Chasseur
Cartógrafo	Cartographe
Cientista	Scientifique
Dançarino	Danseur
Editor	Éditeur
Embaixador	Ambassadeur
Encanador	Plombier
Enfermeira	Infirmière
Geólogo	Géologue
Joalheiro	Bijoutier
Marinheiro	Marin
Músico	Musicien
Pianista	Pianiste
Psicólogo	Psychologue
Veterinário	Vétérinaire

Profissões #2
Professions #2

Agricultor	Agriculteur
Astronauta	Astronaute
Biólogo	Biologiste
Cirurgião	Chirurgien
Dentista	Dentiste
Detetive	Détective
Engenheiro	Ingénieur
Filósofo	Philosophe
Fotógrafo	Photographe
Ilustrador	Illustrateur
Inventor	Inventeur
Investigador	Chercheur
Jardineiro	Jardinier
Jornalista	Journaliste
Linguista	Linguiste
Médico	Médecin
Piloto	Pilote
Pintor	Peintre
Professor	Enseignant
Zoólogo	Zoologiste

Psicologia
Psychologie

Avaliação	Évaluation
Clínico	Clinique
Comportamento	Comportement
Compromisso	Rendez-Vous
Conflito	Conflit
Ego	Ego
Emoções	Émotions
Experiências	Expériences
Inconsciente	Inconscient
Infância	Enfance
Influências	Influences
Pensamentos	Pensées
Percepção	Perception
Personalidade	Personnalité
Problema	Problème
Realidade	Réalité
Sensação	Sensation
Sonhos	Rêves
Subconsciente	Subconscient
Terapia	Thérapie

Química
Chimie

Alcalino	Alcalin
Ácido	Acide
Calor	Chaleur
Carbono	Carbone
Catalisador	Catalyseur
Cloro	Chlore
Elementos	Éléments
Elétron	Électron
Enzima	Enzyme
Gás	Gaz
Hidrogênio	Hydrogène
Íon	Ion
Líquido	Liquide
Molécula	Molécule
Nuclear	Nucléaire
Orgânico	Organique
Oxigénio	Oxygène
Peso	Poids
Sal	Sel
Temperatura	Température

Restaurante # 2
Restaurant #2

Almoço	Déjeuner
Aperitivo	Apéritif
Água	Eau
Bebida	Boisson
Bolo	Gâteau
Cadeira	Chaise
Colher	Cuillère
Delicioso	Délicieux
Especiarias	Épices
Fruta	Fruit
Garçom	Serveur
Garfo	Fourchette
Gelo	Glace
Jantar	Dîner
Legumes	Légumes
Macarrão	Nouilles
Peixe	Poisson
Sal	Sel
Salada	Salade
Sopa	Soupe

Roupas
Vêtements

Avental	Tablier
Blusa	Chemisier
Calça	Pantalon
Camisa	Chemise
Casaco	Manteau
Chapéu	Chapeau
Cinto	Ceinture
Colar	Collier
Jaqueta	Veste
Jeans	Jeans
Luvas	Gants
Meias	Chaussettes
Moda	Mode
Pijama	Pyjama
Pulseira	Bracelet
Saia	Jupe
Sandálias	Sandales
Sapato	Chaussure
Suéter	Pull
Vestido	Robe

Saúde e Bem-Estar #1
Santé et Bien-Être #1

Altura	Hauteur
Ativo	Actif
Bactérias	Bactéries
Clínica	Clinique
Doutor	Médecin
Farmácia	Pharmacie
Fome	Faim
Fratura	Fracture
Hábito	Habitude
Hormones	Hormone
Medicina	Médicament
Nervos	Nerfs
Ossos	Os
Pele	Peau
Postura	Posture
Reflexo	Réflexe
Relaxamento	Relaxation
Terapia	Thérapie
Tratamento	Traitement
Vírus	Virus

Saúde e Bem-Estar #2
Santé et Bien-Être #2

Alergia	Allergie
Anatomia	Anatomie
Apetite	Appétit
Caloria	Calorie
Corpo	Corps
Dieta	Diète
Digestão	Digestion
Doença	Maladie
Energia	Énergie
Genética	Génétique
Higiene	Hygiène
Hospital	Hôpital
Humor	Humeur
Infecção	Infection
Massagem	Massage
Peso	Poids
Recuperação	Récupération
Sangue	Sang
Saudável	Sain
Vitamina	Vitamine

Tempo
Temps

Agora	Maintenant
Ano	Année
Antes	Avant
Anual	Annuel
Calendário	Calendrier
Década	Décennie
Dia	Jour
Futuro	Futur
Hoje	Aujourd'Hui
Hora	Heure
Manhã	Matin
Meio-Dia	Midi
Mês	Mois
Minuto	Minute
Momento	Moment
Noite	Nuit
Ontem	Hier
Relógio	Horloge
Semana	Semaine
Século	Siècle

Tipos de Cabelo
Types de Cheveux

Branco	Blanc
Brilhante	Brillant
Cachos	Boucles
Careca	Chauve
Cinza	Gris
Colori	Coloré
Encaracolado	Frisé
Fino	Mince
Grosso	Épais
Loiro	Blond
Longo	Long
Marrom	Marron
Ondulado	Ondulé
Prata	Argent
Preto	Noir
Saudável	Sain
Seco	Sec
Suave	Doux
Trançado	Tressé
Tranças	Tresses

Universo
Univers

Asteróide	Astéroïde
Astronomia	Astronomie
Astrônomo	Astronome
Atmosfera	Atmosphère
Celestial	Céleste
Céu	Ciel
Cósmico	Cosmique
Equador	Équateur
Galáxia	Galaxie
Hemisfério	Hémisphère
Horizonte	Horizon
Latitude	Latitude
Longitude	Longitude
Lua	Lune
Órbita	Orbite
Solar	Solaire
Solstício	Solstice
Telescópio	Télescope
Visível	Visible
Zodíaco	Zodiaque

Vegetais
Légumes

Abóbora	Citrouille
Aipo	Céleri
Alcachofra	Artichaut
Alho	Ail
Batata	Patate
Beringela	Aubergine
Brócolis	Brocoli
Cebola	Oignon
Cenoura	Carotte
Chalota	Échalote
Cogumelo	Champignon
Ervilha	Pois
Espinafre	Épinard
Gengibre	Gingembre
Nabo	Navet
Pepino	Concombre
Rabanete	Radis
Salada	Salade
Salsa	Persil
Tomate	Tomate

Veículos
Véhicules

Ambulância	Ambulance
Avião	Avion
Balsa	Ferry
Barco	Bateau
Bicicleta	Vélo
Caminhão	Camion
Caravana	Caravane
Carro	Voiture
Foguete	Fusée
Helicóptero	Hélicoptère
Jangada	Radeau
Lambreta	Scooter
Metrô	Métro
Motor	Moteur
Ônibus	Bus
Pneus	Pneus
Submarino	Sous-Marin
Táxi	Taxi
Transporte	Navette
Trator	Tracteur

Xadrez
Échecs

Aprender	Apprendre
Branco	Blanc
Campeão	Champion
Concurso	Concours
Desafios	Défis
Diagonal	Diagonal
Estratégia	Stratégie
Jogador	Joueur
Jogo	Jeu
Oponente	Adversaire
Passivo	Passif
Pontos	Points
Preto	Noir
Rainha	Reine
Regras	Règles
Rei	Roi
Sacrifício	Sacrifice
Tempo	Temps
Torneio	Tournoi

Parabéns

Conseguiu!

Esperamos que tenha gostado tanto deste livro como nós gostamos de o desenhar. Esforçamo-nos por criar livros da mais alta qualidade possível.
Esta edição foi concebida para proporcionar uma aprendizagem inteligente, de qualidade e divertida!

Gostou deste livro?

Um simples pedido

Estes livros existem graças às críticas que publica.
Pode ajudar-nos, deixando agora uma revisão?

Aqui está um pequeno link para
a sua página de revisão:

BestBooksActivity.com/Avaliacoes50

DESAFIO FINAL!

Desafio n° 1

Está pronto para o seu jogo grátis? Usamo-los a toda a hora, mas não são tão fáceis de encontrar - aqui estão os **Sinônimos!**
Escreva 5 palavras que encontrou nos puzzles (n° 21, n° 36, n° 76) e tente encontrar 2 sinónimos para cada palavra.

Escreva 5 palavras de **Puzzle 21**

Palavras	Sinônimo 1	Sinônimo 2

Escreva 5 palavras de **Puzzle 36**

Palavras	Sinônimo 1	Sinônimo 2

Escreva 5 palavras de **Puzzle 76**

Palavras	Sinônimo 1	Sinônimo 2

Desafio n° 2

Agora que já aqueceu, escreva 5 palavras que encontrou nos Puzzles (n° 9, n° 17 e n° 25) e tente encontrar 2 antônimos para cada palavra. Quantos se podem encontrar em 20 minutos?

Escreva 5 palavras de **Puzzle 9**

Palavras	Antônimo 1	Antônimo 2

Escreva 5 palavras de **Puzzle 17**

Palavras	Antônimo 1	Antônimo 2

Escreva 5 palavras de **Puzzle 25**

Palavras	Antônimo 1	Antônimo 2

Desafio n° 3

Óptimo! Este desafio final não é nada para si.

Pronto para o desafio final? Escolha 10 palavras que tenha descoberto nos diferentes puzzles e escreva-as abaixo.

1.	6.
2.	7.
3.	8.
4.	9.
5.	10.

Agora escreva um texto a pensar numa pessoa, num animal ou num lugar de seu agrado.

Pode utilizar a última página deste livro como um rascunho.

A Sua Composição:

CADERNO DE NOTAS:

ATÉ BREVE!

A equipa Inteira

DESCUBRA JOGOS GRATUITOS

GO

↓

BESTACTIVITYBOOKS.COM/FREEGAMES